W0209192

5:2 Diät

–

Das Kochbuch

Die 80 besten Rezepte für das intermittierende Fasten

Simone Reuter

Copyright © 2017 Simone Reuter

Alle Rechte vorbehalten.

ISBN: 1975903927
ISBN-13: 978-1975903923

Inhalt

Übersicht der Rezepte

Hauptgerichte (unter 600 kcal)

Salate

Einführung

Abnehmen und dauerhaft schlank bleiben, das ist der Wunsch vieler Menschen. Von Low Carb, Glyx Diät, Schlank im Schlaf über diverse Pulver und Shakes bis hin zum guten alten Kalorienzählen - sie alle versprechen den Traumkörper. Doch wer schon selbst die eine oder andere Diät versucht hat, weiß wie schwer es ist. Purzeln am Anfang die Pfunde noch relativ schnell, stagniert das Gewicht nach spätestens zwei Wochen, weil der Körper sich auf die veränderte Nahrungszufuhr eingestellt hat und auf Sparflamme arbeitet. Ganz zu schweigen von Mangelerscheinungen durch die einseitige Ernährung und dem gefürchteten Jojo-Effekt. Doch damit ist es jetzt vorbei, denn es gibt ein Diätkonzept, das schnellen, aber vor allem dauerhaften Erfolg verspricht, leicht umzusetzen und auch noch gut für die Gesundheit ist – die 5:2 Diät!

Diese Diät wurde von dem britischen Arzt und Journalisten Dr. Michael Mosley populär gemacht, der diese Methode zunächst 2012 in einer Serie auf BBC vorstellte und im Januar 2013 dann sein Buch „The Fast Diet" veröffentlichte. Die 5:2 Diät kann sehr gut in den Alltag integriert werden und ist für alle gesunden Menschen geeignet, die dauerhaft Gewicht verlieren wollen. Das Konzept ist einfach und vielversprechend: An 5 Tagen können Sie essen und trinken, ohne Kalorien zu zählen, dafür müssen Sie an den 2 anderen Tagen Ihre Kalorienzufuhr auf 500 (Frauen) bzw. 600 (Männer) reduzieren. Dann stehen eiweißreiche Lebensmittel und Gemüse auf dem Speiseplan. Mit der 5:2 Diät können Sie praktisch sofort starten, denn das aufwändige Einkaufen, wie für viele andere Diäten, ist hier nicht nötig. Auf diese Weise entsteht gar nicht das Gefühl, eine Diät zu machen, denn Sie müssen ja nur zwei Fastentage pro Woche einhalten und können ansonsten Ihren gewohnten Lebensstil pflegen.

Zugegeben, 500 bzw. 600 Kalorien pro Tag ist nicht wirklich viel, doch mit leckeren Rezeptideen ist das nur halb so schlimm! Sie werden sehen, dass man auch dann schmackhafte Gerichte zaubern kann, wenn nur eine sehr begrenzte Anzahl an Kalorien zur Verfügung steht. Es macht Spaß, die Rezepte nachzukochen und dekorativ auf den Tellern anzurichten, denn auch an den beiden Fastentagen soll der Genuss nicht zu kurz kommen!

Vom Diätfrust zur Diätlust

Wenn Sie auch schon die eine oder andere Diät ausprobiert haben, kennen Sie das nur zu gut: Am Anfang nimmt man relativ schnell einige Kilo ab, doch nach ungefähr zwei Wochen ist das vorbei. Das Gewicht stagniert, die Pfunde purzeln nicht mehr so schnell. Der Grund ist, dass der Körper sich an die verringerte Kalorienzufuhr gewöhnt hat und den Stoffwechsel herunterfährt. Das bedeutet, dass alles, was Sie jetzt zu sich nehmen, besser verwertet wird, da der Körper davon ausgeht, dass Notzeiten herrschen und deshalb logischerweise Vorräte angelegt werden müssen. Das ist ein völlig natürlicher Vorgang, doch definitiv das genaue Gegenteil dessen, was Sie mit der Diät erreichen wollen. Nur zu verständlich, dass da Frust aufkommt. Hinzu kommt noch, dass der permanente Zustand der Mangelernährung Heißhungerattacken auslöst, die den bereits erreichten Erfolg im Nu wieder zunichtemachen, was wiederum den Frust noch verstärkt. Da viele Diäten sehr einseitig sind, führt das zu einer Unterversorgung an Vitaminen und Mineralstoffen und das kann sich negativ auf Ihr Wohlbefinden und Ihre Leistungsfähigkeit auswirken. Das ständige Kalorienzählen wird auf Dauer genauso lästig wie das aufwändige Einkaufen und Kochen nach Rezeptplänen. Und wenn Sie eine Diät erfolgreich absolviert haben und sich über Ihr erreichtes Gewicht freuen, dann lauert spätestens, wenn Sie wieder auf normale Ernährung umgestellt haben, ein weiterer Feind: der berüchtigte Jojo-Effekt! Schnell sind die mühsam abgehungerten Kilos wieder auf den Hüften – und oft gesellen sich noch ein paar mehr dazu. Kein Wunder, dass sich dann Resignation breitmacht.

Abnehmen nach der 5:2-Methode macht Schluss mit dem Frust und gibt Ihnen ein Konzept an die Hand, das leicht umsetzbar ist und gut in den Alltag integriert werden kann. Sie können an fünf Tagen ganz normal essen und trinken, ohne sich einschränken zu müssen. An den beiden anderen Tagen dürfen Frauen nur 500 und Männer 600 Kalorien zu sich nehmen. Das ist zugegebenermaßen nicht sehr viel, doch machbar, da Sie das nur an zwei Tagen praktizieren müssen. Die beiden Fastentage müssen nicht aufeinander folgen, Sie können entscheiden, wie Sie sie am besten in Ihre Woche integrieren. Die 5:2 Diät reiht sich in die Liste der Kurzzeit-Fasten-Konzepte ein. Kurzzeit-Fasten ist nicht neu, doch in den letzten Jahren hat es einen enormen Boom erlebt, allen voran die 5:2 Diät. Der Vorteil dabei ist, dass es keine Diät im eigentlichen Sinne ist, sondern durchaus über einen längeren Zeitraum praktiziert werden kann. Da Sie an fünf Tagen normal essen können, treten keine Mangelerscheinungen auf und Sie müssen auch keine Lebensmittelgruppen ausschließen, können also durchaus auch mal ein Stück Schokoladenkuchen genießen, ohne gleich ein schlechtes Gewissen haben zu müssen.

Ernährungsberatern zufolge, ist die 5:2 Diät leichter einzuhalten, da sie keine starren Restriktionen hat, wie andere Diäten. Sie sollten lediglich an den beiden Fastentagen die vorgegebene Kalorienzahl nicht überschreiten. An diesen beiden Tagen können Sie Gemüse und eiweißreiche Lebensmittel zu sich nehmen. Mit dem 5:2 Kochbuch haben Sie Vorschläge für leckere Rezepte, die Sie leicht nachkochen können. Selbstverständlich sollten Sie ausreichend Flüssigkeit zu sich nehmen in Form von Wasser oder ungesüßtem Tee. Mit der 5:2 Diät tun Sie auch etwas für Ihre Gesundheit, denn, obwohl es noch keine offiziellen Studien darüber gibt, hat sich doch in Untersuchungen gezeigt, dass sie sich günstig auf Cholesterinwerte und Blutdruck auswirken kann, das Risiko für Schlaganfall oder Herzinfarkt senken kann und die Hirntätigkeit anregen kann. Natürlich nehmen Sie mit dieser Methode auch ab, und zwar leichter und mit mehr Spaß als bei anderen Diäten. Der Grund ist, dass dem Körper nicht suggeriert wird, auf Sparmodus zu gehen, da Sie ja nur an zwei Tagen in der Woche fasten. So verlieren Sie schnell und nachhaltig Ihre überflüssigen Pfunde und Sie haben deshalb auch nicht das Gefühl, auf Diät zu sein, da Sie ja an fünf Tagen wie gewohnt essen können.

Abnehmen leicht gemacht

Kein Kalorienzählen mehr, abnehmen und trotzdem auf nichts verzichten müssen – das klingt zu schön, um wahr zu sein! Mit der 5:2 Diät klappt das und wenn Sie noch ein paar Tipps beachten, wird sich der Erfolg auch bald auf Ihrer Waage bemerkbar machen. An fünf Tagen essen was man will ist wunderbar, doch, wenn Sie einen dauerhaften Gewichtsverlust erzielen wollen, sollten Sie an diesen Tagen natürlich nicht über den Maßen schlemmen, um sich nicht eventuell noch Extrapfunde anzufuttern. Eine normale, ausgewogene Ernährung ist an diesen Tagen sinnvoll. An den beiden Fastentagen haben Sie 500 bzw. 600 Kalorien zur Verfügung, und die sollten aus eiweißreicher Kost und Gemüse bestehen. Greifen Sie zu Fisch, Quark oder Geflügel und wählen Sie viel grünes Gemüse, da es reich an Ballaststoffen ist und so den Stoffwechsel in Gang hält. Um keinen Diätfrust aufkommen zu lassen, sollten Sie die beiden Fastentage nicht unmittelbar hintereinander einlegen, sondern gut auf die Woche verteilen. Trinken Sie genug, vorzugsweise Wasser oder ungesüßten Tee, treiben Sie Sport und lassen Sie das Auto ab und zu stehen und gehen zu Fuß. So werden auch bei Ihnen bald die Pfunde purzeln.

Mit der richtigen Ernährung abnehmen und schlank bleiben

Ein gesunder Lebensstil mit Sport und körperlicher Bewegung und ausgewogene, abwechslungsreiche Ernährung helfen Ihnen beim Abnehmen und sorgen auch dafür, dass Sie nicht wieder zunehmen. Eine ausgewogene Ernährung sollte viel eiweißreiche Kost enthalten. Eiweiß ist durch einseitige Diäten etwas in Verruf gekommen, doch wenn es in einem abwechslungsreichen Speiseplan integriert ist, unterstützt es Sie beim Abnehmen. Es macht lange satt, ist kalorienarm und hilft sogar beim Muskelaufbau. Bekanntermaßen verbrennen mehr Muskeln ja auch mehr Kalorien, selbst im Ruhezustand. Deshalb sollten Sie darauf achten, dass Sie viel Geflügel, Fisch, Tofu, Joghurt und Quark zu sich nehmen. Studien haben gezeigt, dass Protein Sättigungshormone freisetzt. Nach einer Diät hilft eiweißreiche Kost, dem Jojo-Effekt ein Schnippchen zu schlagen.

Wenn Sie gerne Nudeln, Kartoffeln und Brot essen, befinden Sie sich möglicherweise in einer Zwickmühle. Denn wenn man an all die Low Carb-Diäten denkt, möchte man auf Kohlehydrate ganz verzichten. Langfristig auf Kohlehydrate zu verzichten, ist jedoch eher kontraproduktiv., denn auch sie helfen beim Abnehmen. Sie gehören zu den wichtigsten Energielieferanten für den Körper und versorgen Muskeln und Gehirn mit den nötigen Brennstoffen. Es ist jedoch wichtig zu wissen, dass Kohlehydrate unterschiedlich wirken. Wenn Sie zum Beispiel ein Stück Kuchen essen, bekommen Sie sehr schnell Energie und der Insulinspiegel steigt schnell. Allerdings sinkt er auch genauso schnell wieder und Sie verspüren bald wieder Hunger. Kartoffeln und Nudeln sind Lebensmittel mit komplexeren Kohlehydraten. Sie brauchen länger beim Energieaufbau und der Körper braucht dementsprechend länger, um diese Energie zu verwerten – sie sättigen also länger. Abnehmen mit Kohlehydraten muss deshalb kein Widerspruch sein, es kommt nur darauf an, kohlehydratreiche Lebensmittel richtig einzusetzen. Wenn Sie Pasta kochen, sollten Sie nicht so oft schwere Sahnesaucen dazu essen, sondern lieber öfter Gemüse als Beilage wählen. Essen Sie ausgewogen und abwechslungsreich – wie immer im Leben kommt es auch beim Abnehmen auf die richtige Balance an und Sie sollten nicht ganz auf Kohlehydrate verzichten, sondern Sie klug in Ihren Speiseplan einbauen.

Das gilt auch für Fette. Nicht jedes Fett ist auch gleich ein Dickmacher und auch hier kommt es auf die Menge der Fette an. In früheren Jahren wurden Fette generell als Dickmacher verteufelt und dieses Vorurteil hält sich hartnäckig bis heute. Sie werden auch für einen hohen Cholesterinspiegel verantwortlich gemacht. Doch es wäre falsch, überhaupt kein Fett mehr zu essen. Die Deutsche Gesellschaft für Ernährung empfiehlt, dass 30 % des Kalorienbedarfs eines Erwachsenen aus Fett bestehen sollte. Es ist also wichtig, den Unterschied zwischen den einzelnen Fetten zu kennen und zu wissen, wie sie auf den Körper wirken. Manche Fette sind wichtig, damit fettlösliche Vitamine vom Körper verwertet werden könne. Es gibt essentielle Fette, die der Körper selbst herstellen kann und nicht essentielle Fette, die dem Körper mit der Nahrung zugeführt werden müssen. Dann gibt es noch die sogenannten Transfette, also Fette, die von der Industrie verändert werden. Diese Fette sollten Sie Nährstoffe besser aufzunehmen. Sie sind geeignet, den Fettgehalt der Bowl auf gesunde, tierfreie Weise zu erhöhen und den Geschmacksknospen einen Geschmacksträger zuzuweisen, der alles noch interessanter und leckerer macht.

meiden. Grundsätzlich gilt, den Konsum an tierischen Fetten, wie zum Beispiel Wurst, einzuschränken. Pflanzliche Fette, wie zum Beispiel hochwertiges Olivenöl, Nüsse oder Avocados, sollten dagegen öfter auf dem Speiseplan stehen. Der Verzehr von Omega-3 Fetten, zum Beispiel Fisch, hilft Muskeln aufzubauen und Körperfett zu verringern.

Dauerhaft schlank bleiben

Im 5:2 Kochbuch finden Sie leckere Rezepte zum nachkochen. Nie war es leichter abzunehmen und schlank zu bleiben. Da Sie sich auch während der Diät ausgewogen ernähren, wird auch der Jojo-Effekt ausgeschaltet. Der Diätfrust gehört der Vergangenheit an. Worauf warten Sie also noch? Probieren Sie es aus!

Die gesunden Fette aus Nüssen, unraffinierten Speiseölen oder Avocado kann der Körper ohne Umwege verwerten. Damit stehen sie im Gegensatz zu den tierischen Fetten, die die Cholesterinwerte hochtreiben und durch Antibiotika, Stresshormone und Masthilfemittel nicht mehr uneingeschränkt empfehlenswert sind. Fleisch wird nur gelegentlich in Form mageren Geflügelfleisches, Fisch nur als fetter Fisch wie Lachs, Forelle oder Makrele in die Bowl gelegt. Beide sollten nach Möglichkeit in Bio-Qualität gekauft werden. Dasselbe gilt auch für möglichst viele der Zutaten in Buddha-Bowls. Bio-Lebensmittel erhöhen den Genusswert und den Gesundheitswert.

Die Getreide, die verwertet werden, sollten nach Möglichkeit glutenfrei und vollwertig sein. Weißmehl in jeglicher Form ist in einer Food-Bowl tabu. Vollkorn ist Trumpf. Ausnahmen können zugelassen werden. Zum Beispiel können als Kohlenhydratträger gelegentlich Polentaschnitten mit Pilzen oder Bulgursalat mit Petersilie in die Mitte der Bowl gelegt werden. Die wichtigsten Kohlenhydratträger sind aber

- das proteinhaltige Pseudogetreide Quinoa
- ungeschälter Vollkornreis mit Erdnuss- oder Kokos-Mango-Soße
- mit Knoblauch-Olivenöl beträufelte Pellkartoffelstücke
- ein fruchtiger Kartoffelsalat
- Süßkartoffelscheiben oder Pommes frites aus Süßkartoffeln
- gegrillte Hokkaido-Kürbisscheiben
- ein paar Buchweizen-Blinis

oder Ähnliches.

Die Fette werden über hochwertige - was so viel heißt wie unraffinierte - Speiseöle addiert. Infrage kommen beispielsweise Walnussöl, Olivenöl, Weizenkeimöl oder Sesamöl. Bowl-Liebhaber sollten möglichst kleine Flaschen verschiedener Öle im Bioladen kaufen, damit keines davon ranzig wird. Weitere Fettquellen sind Avocadoscheiben, gerösteter Sesam und Nüsse in jeglicher Form. Ein schmackhaftes Aioli kann leicht selbst hergestellt werden. Dazu kommen Dips und Soßen aus Tahin. Diese leckere und zugleich kalziumhaltige Soßen-Grundlage aus Sesampaste kann mit Zitronensaft, weißer Joghurt oder Kokosmilch, etwas Wasser, gegebenenfalls etwas Ahornsirup, Kreuzkümmel, Kräutersalz, gehackter roter

Paprika oder gehackter Petersilie geschmacklich variiert und flüssiger gemacht werden. Bowl-Zauberer, die es nach etwas Scharfem gelüstet, liegen mit einem Meerrettich-Apfel-Dip mit frisch geriebenem Meerrettich, knackigen geriebenen Äpfeln und weißer Joghurt gut im Rennen.

Rezepte

Fruchtiges Rührei mit Tomaten und grüner Paprika

Frühstück

Zeit 10 Minuten
Ergibt 2 Portionen

2 EL	Olivenöl
1	Zwiebel, fein geschnitten
2	Knoblauchzehen, geschnitten
1	grüne Paprika, entkernt und geschnitten
4	große Tomaten, geschnitten
2 TL	Tomatenmark
4 EL	Wasser
4	große Eier
6	frische Basilikumblätter

Nährwerte pro Portion

351	Kalorien
18g	Kohlenhydrate
24g	Fette
21g	Proteine

1. Gemüse waschen und schneiden.
2. Öl in einer Pfanne erhitzen, geschnittene Zwiebel, Knoblauch und Pfeffer hinzufügen und bei mittlerer Hitze für 5 Minuten braten, bis sie goldbraun sind.
3. Tomaten, Tomatenpaste und Wasser hinzufügen und das Ganze für weitere 2 Minuten köcheln lassen.
4. Währenddessen die Eier mit Salz und Pfeffer verrühren. Das pure Ei in die Pfanne mit den anderen Zutaten geben und unter ständigem Rühren für circa 3 Minuten braten, bis das Ei durch ist.
5. Zuletzt Basilikum darüber streuen und servieren.

Frühstück

Zeit 5 Minuten
Ergibt 2 Portionen

80g	zart gemahlene Haferflocken
300ml	fettarme Milch
1 EL	Naturjoghurt
20g	Mandeln
2 TL	flüssigen Honig

Nährwerte pro Portion

311	Kalorien
41g	Kohlenhydrate
11g	Fette
13g	Proteine

Overnight-Oats

1. Alle Zutaten in eine verschließbare Schüssel oder ein Glas mit einem Schraubdeckel geben.
2. Das Ganze gründlich verrühren, bei Benutzung eines Glases mit Deckel das Ganze kräftig schütteln, bis alles gut miteinander vermengt ist.
3. Das Ganze einfach über Nacht oder eine selbstgewählte Zeit lang im Kühlschrank ziehen lassen. Genießen.

Frühstück

Griechischer Joghurt mit Beeren

Zeit 1 Minute
Ergibt 2 Portionen

200g	griechischer Joghurt
2 TL	flüssigen Honig
1	Handvoll frische oder gefrorene Beeren nach Wahl

Nährwerte pro Portion

187	Kalorien
15g	Kohlenhydrate
10g	Fette
7g	Proteine

1. Joghurt und Honig in einer Schüssel gut miteinander verrühren.
2. Beeren oben drüberstreuen. Genießen.

Frühstück

Zeit	5 Minuten
Ergibt	2 Portionen

2	Scheiben Bacon, geschnitten
1	grüne Paprika
4	Frühlingszwiebeln
2	große Eier
2	weiche Tortilla Wraps
2 TL	Salsa
2 TL	Naturjoghurt

Nährwerte pro Portion

365	Kalorien
37g	Kohlenhydrate
15g	Fette
18g	Proteine

Frühstücksburrito

1. Gemüse waschen und schneiden.
2. Bacon, Paprika und Frühlingszwiebel für 5 Minuten zusammen in einer Pfanne anbraten.
3. Die Eier aufschlagen, in die Pfanne geben, alles gut verrühren und weiter braten bis es durch ist.
4. Tortilla Wrap für 10 Sekunden auf einem Teller in der Mikrowelle erhitzen und anschließend mit dem Rührei füllen.
5. Salsa und Joghurt oben drauf, Enden einstecken und zusammenrollen. Genießen.

Frühstück

Zeit 1 Minute
Ergibt 2 Portionen

2	Scheiben Mehrkornbrot (nicht mehr als 45 kcal)
4 EL	fettarmer körniger Frischkäse
2 TL	Honig

Nährwerte pro Portion

112	Kalorien
14g	Kohlenhydrate
5g	Fette
4g	Proteine

Honig Toast

1. Brotscheiben leicht toasten.
2. Körnigen Frischkäse auf den getoasteten Brotscheiben verteilen.
3. Honig über den Frischkäse träufeln. Genießen.

Erfrischender Obstsalat

Frühstück

Zeit 5 Minuten
Ergibt 2 Portionen

1	Grapefruit
2	Aprikosen
1	Orange
½ EL	Honig

Nährwerte pro Portion

90	Kalorien
21g	Kohlenhydrate
1g	Fette
2g	Proteine

1. Grapefruit und Orange in beliebig große Stücke schneiden und dabei Kerne etc. entfernen, so dass nur das Fruchtfleisch übrigbleibt. Anschließend die geschnittene Grapefruit und die Orange in eine Schüssel geben.
2. Aprikosen entkernen, in beliebig große Stücke schneiden und zusammen mit dem Honig zu der Orange und der Grapefruit geben.
3. Alles gut miteinander vermengen. Genießen.

Frühstück

Zeit	5-10 Minuten
Ergibt	2 Portionen

2	Eier
200g	körniger Frischkäse
400g	Erdbeeren, Blaubeeren und Himbeeren
2 TL	Zimt
2 EL	Magermilch
½ TL	Öl

Nährwerte pro Portion

283	Kalorien
20g	Kohlenhydrate
12g	Fette
21g	Proteine

Beeriges Frühstücksomelett

1. In einer Schüssel Ei, Milch und Zimt verrühren.
2. Öl in einer Pfanne erhitzen, die Ei-Mixtur hinzufügen und die Pfanne leicht schwenken, bis der komplette Pfannenboden bedeckt ist.
3. Das Omelett braten lassen, bis es auf der Unterseite leicht goldbraun ist.
4. Nicht zusammenfalten!
5. Das fertige Ei auf einen Teller legen und den körnigen Frischkäse und die Beeren ganz nach Belieben darauf arrangieren.
6. Zusammenrollen und Genießen.

Frühstück

Zeit 10 Minuten
Ergibt 2 Portionen

3 EL	zarte Haferflocken
200ml	Wasser
150g	fettarmer Naturjoghurt
1	Birne, in Scheiben geschnitten
30g	Walnüsse, in Stückchen gehackt
1 TL	Zimt

Nährwerte pro Portion

233	Kalorien
22g	Kohlenhydrate
14g	Fette
7g	Proteine

Birne, Walnuss, Zimt Porridge

1. Birne waschen und in Scheiben schneiden.
2. Wasser und Haferflocken in einem Topf bei mittlerer Hitze kochen lassen, bis es anfängt zu sprudeln und zu verdicken. Anschließend den Joghurt unterrühren.
3. Zuletzt die geschnittene Birne, die Walnussstückchen und den Zimt hinzugeben. Genießen.

Frühstück

Zeit 20 Minuten
Ergibt 2 Portionen

50g	Ziegenkäse (als Block)
4	Eier
150g	gefrorene Erbsen
1	Spritzer Magermilch
2 EL	frische Minze
2 EL	Olivenöl
	Salz und Pfeffer je nach Belieben

Nährwerte pro Portion

412	Kalorien
7g	Kohlenhydrate
28g	Fette
21g	Proteine

Ziegenkäse-Frittata mit frischer Minze

1. Ofen auf 150°C vorheizen.
2. Zuerst die Erbsen aufkochen, bis sie weich sind.
3. Die Eier aufschlagen und mit einem Spritzer Magermilch, Salz und Pfeffer, den weich gekochten Erbsen und der frischen Minze in eine Schüssel geben. Alles gut miteinander verrühren.
4. 4 Scheiben von dem Ziegenkäseblock abschneiden und den Rest in die Schüssel mit den restlichen Zutaten bröseln.
5. Das Olivenöl in einer ofenfesten Pfanne verteilen, die fertige Ei-Mixtur hinzugeben und für 8 Minuten in den Ofen stellen, bis die Eier fast durch sind. Nun die 4 Scheiben Ziegenkäse auf die Ei-Mixtur legen und bei Ober- und Unterhitze (oder Grillfunktion) backen, bis das Ei gesetzt ist und der Ziegenkäse sprudelt und goldbraun gefärbt ist.
6. Fertiges Frittata aus dem Ofen holen und für ein paar Minuten etwas abkühlen lassen. Genießen.

FRÜHSTÜCK

GETROCKNETE TOMATEN, FETA OMELETT

ZEIT 5 MINUTEN
ERGIBT 2 PORTIONEN

200g	getrocknete Tomaten, geschnitten
50g	Fetakäse, geschnitten
4	Eier
	Olivenöl
	Salz und Pfeffer

NÄHRWERTE PRO PORTION

524	Kalorien
11g	Kohlenhydrate
39g	Fette
20g	Proteine

1. Olivenöl in der Pfanne erhitzen.
2. Eier in einer großen Schüssel mit Salz und Pfeffer verquirlen und anschließend in die Pfanne mit dem heißen Öl geben.
3. Die Pfanne leicht hin und her schwenken, so dass der Boden vollständig von mit Ei bedeckt ist.
4. Wenn das Ei sich teilweise gesetzt hat, die trocknen Tomaten und den Feta in die Pfanne streuen und das Omelett falten.
5. Omelett für eine weitere Minute braten lassen bis es durch ist. Genießen.

SUPPEN

CREMIGE GURKENSUPPE

ZEIT	30 MINUTEN
ERGIBT	2 PORTIONEN

250g	Gurken, geschält und Samen entfernt
	frische Petersilie, geschnitten
650ml	Gemüsebrühe
65g	fettarmer Naturjoghurt
1	Knoblauchzehe, geschnitten
½	Avocado, geschält und gewürfelt
½	Zwiebel geschnitten
½ EL	Zitronensaft
½ EL	Olivenöl
1/8 TL	Pfeffer, frisch gemahlen
1	Prise Cayennepfeffer
¼ TL	Salz

NÄHRWERTE PRO PORTION

169	Kalorien
15g	Kohlenhydrate
12g	Fette
4g	Proteine

1. Gemüse waschen und schneiden.
2. Olivenöl in einem Kochtopf erhitzen.
3. Zwiebel für 4 Minuten anbraten oder bis sie leicht glasig ist. Den Knoblauch hinzufügen und beides für eine weitere Minute kochen lassen.
4. Anschließend den Zitronensaft unterrühren und alles erneut etwa eine Minute kochen lassen.
5. Den Cayennepfeffer, Salz, schwarzen Pfeffer, Gurken und Gemüsebrühe hinzugeben.
6. Alles für ungefähr 8 Minuten köcheln lassen, bis die Gurke durch ist.
7. Die Suppe vom Herd nehmen und abkühlen lassen.
8. Gut pürieren bis die Suppe schön cremig ist.
9. Die Suppe in eine Servierschüssel füllen und Avocado Würfel und Petersilie darüber streuen. Genießen.

Quinoa-Gemüsesuppe

Suppen

Zeit	35 Minuten
Ergibt	2 Portionen

240ml	Gemüsebrühe
1	Selleriestängel, geschnitten
1	Knoblauchzehe, gehackt
1	Karotte, geschnitten
20g	Quinoa
½ TL	Petersilie
½ EL	Olivenöl
½ TL	rote Paprikaflocken

Nährwerte pro Portion

91	Kalorien
12g	Kohlenhydrate
3g	Fette
3g	Proteine

1. Quinoa nach Packungsanweisung zubereiten und beiseitestellen.
2. Gemüse waschen und schneiden.
3. Öl in einem Kochtopf erhitzen.
4. Karotte und Sellerie für etwa 5 Minuten mit etwas Wasser kochen lassen, dann Knoblauch hinzugeben und alles für eine weitere Minute kochen lassen.
5. Quinoa und Gemüsebrühe hinzugeben.
6. Das Ganze für ein paar Minuten kochen lassen.
7. Zuletzt rote Paprikaflocken und Petersilie unterrühren. Genießen.

CHILI KAROTTENSUPPE

ZEIT 60 MINUTEN
ERGIBT 2 PORTIONEN

1 EL	Chilipulver
250g	Karotten, geschnitten
1 EL	Olivenöl
350ml	Gemüsebrühe
50g	Zwiebeln, fein geschnitten

NÄHRWERTE PRO PORTION

100	Kalorien
10g	Kohlenhydrate
6g	Fette
2g	Proteine

1. Gemüse waschen und schneiden.
2. Öl in einem Topf erhitzen.
3. Zuerst die Zwiebeln hinzugeben und für ungefähr 2 Minuten kochen, bis sie weich sind.
4. Die Karotten hinzugeben und alles für weitere 5 Minuten kochen lassen.
5. Wenn die Karotten beginnen weich zu werden die Gemüsebrühe und das Chilipulver hinzugeben.
6. Alles zum Kochen bringen. Wenn es anfängt zu kochen die Hitze reduzieren und den Deckel verschließen.
7. Alles für 45 Minuten mit geschlossenem Deckel und unter gelegentlichem Rühren kochen lassen.
8. Nach 45 Minuten den Topf vom Herd nehmen und die Suppe etwas abkühlen lassen.
9. Alles pürieren, nach Belieben würzen und servieren. Genießen.

Suppen

Scharfe Süßkartoffelsuppe

Zeit	30 Minuten
Ergibt	2 Portionen

1 EL	Olivenöl
2	kleine Süßkartoffeln, geschält und geschnitten
2	Knoblauchzehen, gepellt und zerkleinert
1 TL	Currypulver (medium)
½ TL	Paprikapulver
1 TL	Maismehl
½	Gemüsebrühwürfel
	Saft von einer Zitrone

Nährwerte pro Portion

159	Kalorien
25g	Kohlenhydrate
6g	Fette
2g	Proteine

1. Das Gemüse waschen und schneiden.
2. Öl in einem Kochtopf erhitzen und den Knoblauch und die Süßkartoffeln für 4-5 Minuten unter gelegentlichem Rühren anbraten.
3. Currypulver, Paprikapulver und Maismehl darüber streuen und unter ständigem Rühren für etwa 1 Minute braten lassen.
4. 2 Esslöffel Wasser hinzugeben, unter ständigem Rühren warten bis es sich verdickt und anschließend 470ml Wasser hinzugeben.
5. Den halben Gemüsebrühwürfel hinein bröckeln und den Zitronensaft hinzugeben. Alles zum Kochen bringen und bei reduzierter Hitze für 20-30 Minuten kochen lassen, bis die Süßkartoffeln schön weich sind.
6. Anschließend pürieren, bis die Suppe eine cremige Konsistenz hat. Genießen.

Rote Beetesuppe mit Stückchen

Suppen

Zeit	30 Minuten
Ergibt	2 Portionen

½ EL	Sonnenblumenöl
½	Karotte, geschält und geschnitten
½	mittelgroße Zwiebel, geschält und geschnitten
½	Selleriestange, geschnitten
½	Pastinake, geschält und geschnitten
480ml	Gemüsebrühe
250g	rote Beete, gekocht und geschnitten
	Saft von ½ Zitrone
	Frisch gemahlener schwarzer Pfeffer

Nährwerte pro Portion

122	Kalorien
21g	Kohlenhydrate
3g	Fette
4g	Proteine

1. Das Gemüse waschen und schneiden.
2. Öl in einem Kochtopf, bei schwacher Hitze und geschlossenem Deckel erhitzen.
3. Karotten, Zwiebel, Sellerie und Pastinake hinzugeben, gut umrühren und erneut abdecken.
4. Das Gemüse für etwa 10 Minuten schwitzen lassen.
5. Anschließend die Gemüsebrühe hinzufügen und alles zum Kochen bringen. Wenn es kocht, die Hitze wieder reduzieren und für etwa 10 Minuten mit geschlossenem Deckel köcheln lassen.
6. Die Rote Beete hinzugeben und alles für etwa 5 Minuten weiter kochen.
7. Zuletzt den Zitronensaft und den Pfeffer je nach Belieben hinzugeben.
8. Die Suppe heiß genießen.

Karotten-Koriander-Suppe

Suppen

Zeit	30 Minuten
Ergibt	2 Portionen

1	kleine Zwiebel, gepellt und geschnitten
250g	Karotten, geschält und geschnitten
1	kleine Kartoffel, geschält und geschnitten
1 TL	gemahlener Koriander
500ml	Gemüsebrühe
1	große Handvoll frischer Koriander
	Frisch gemahlener schwarzer Pfeffer
2 TL	extra natives Olivenöl

Nährwerte pro Portion

126	Kalorien
17g	Kohlenhydrate
6g	Fette
4g	Proteine

1. Gemüse waschen und schneiden.
2. Zwiebel, Karotten, Kartoffel und gemahlenen Koriander in einen großen Kochtopf geben und die Gemüsebrühe hinzufügen. Alles zum Kochen bringen, wenn es kocht die Hitze reduzieren und für 15-18 Minuten kochen lassen bis alles schön weich ist.
3. Die Suppe vom Herd nehmen, den frischen Koriander hinzufügen und mit einem Pürierstab pürieren. Wenn die Suppe eine cremige Konsistenz ohne Stückchen hat, erneut aufwärmen.
4. Die Suppe mit jeder Menge Pfeffer und einem Teelöffel Olivenöl servieren. Genießen.

Linsen, Zitronen und Thymiansuppe

Suppen

Zeit	45 Minuten
Ergibt	2 Portionen

½ TL	Olivenöl
1	kleine Zwiebel, fein geschnitten
1	Knoblauchzehe, fein geschnitten
100g	rote Linsen
625ml	Gemüsebrühe
200g	gehackte Tomaten aus der Dose
1 TL	getrockneter Thymian oder 2 frische Zweige
	Schale und Saft von einer halben Zitrone

Nährwerte pro Portion

225	Kalorien
31g	Kohlenhydrate
2g	Fette
15g	Proteine

1. Gemüse waschen und schneiden.
2. Öl in einem großen Kochtopf erhitzen.
3. Die Zwiebel und den Knoblauch für 5 Minuten leicht anbraten, bis sie schön weich sind.
4. Die roten Linsen hinzufügen und alles gut verrühren.
5. Anschließend die Gemüsebrühe in den Topf mit dem Gemüse kippen, alles zum Kochen bringen und für etwa 10 Minuten kräftig umrühren.
6. Hitze reduzieren und die Tomaten aus der Dose, Thymian und Zitronenschale hinzugeben. Die Suppe erneut leicht zum Kochen bringen und für 30 Minuten sanft kochen lassen.
7. Zuletzt den Zitronensaft hinzugeben und je nach Bedarf würzen. Genießen.

Butternuss-Kürbissuppe mit Ziegenkäse

Suppen

Zeit	45 Minuten
Ergibt	2 Portionen

1 EL	Olivenöl
1	Knoblauchzehe, geschält und geschnitten
450g	Butternusskürbis, ausgehöhlt und gewürfelt
2	Frühlingszwiebeln, geschnitten
850ml	Gemüsebrühe
100g	Babyspinat
50g	weicher Ziegenkäse, gewürfelt
	Frisch gemahlener schwarzer Pfeffer

Nährwerte pro Portion

189	Kalorien
21g	Kohlenhydrate
8g	Fette
6g	Proteine

1. Gemüse waschen, Butternusskürbis und Ziegenkäse in Würfel schneiden.
2. Olivenöl in einem großen Kochtopf erhitzen und den Knoblauch darin leicht anbraten. Den Butternusskürbis und Frühlingszwiebeln hinzugeben und gut durchrühren, bevor die Gemüsebrühe hinzugefügt wird.
3. Alles zum Kochen bringen und für 30 Minuten kochen lassen.
4. Die Suppe vor dem pürieren ein wenig abkühlen lassen und anschließend pürieren bis sie schön cremig ist.
5. Danach erneut leicht erhitzen und den Spinat einrühren.
6. Sofort servieren und die Ziegenkäsewürfel oben drauf streuen. Je nach Belieben mit Salz und Pfeffer würzen.

SPINATCREMESUPPE

ZEIT 20 MINUTEN
ERGIBT 2 PORTIONEN

4	Frühlingszwiebeln, geschnitten
1	Stange Porree, geschnitten
2	Selleriestangen
100g	Kartoffeln, geschält und geschnitten
500ml	Gemüsebrühe
300g	Spinat
120ml	fettarme Sahne
	Etwas Olivenöl
	Salz und Pfeffer

NÄHRWERTE PRO PORTION

365	Kalorien
34g	Kohlenhydrate
23g	Fette
10g	Proteine

1. Gemüse waschen und schneiden.
2. Kartoffeln, Sellerie, Frühlingszwiebeln und Porree in einer Pfanne bei mittlerer Hitze anbraten. Gemüsebrühe hinzugeben und für 7-8 Minuten köcheln lassen bis die Kartoffeln weich sind.
3. Spinat hinzugeben und für weitere 2 Minuten kochen.
4. Zuletzt alles mit einem Pürierstab pürieren, bis es eine glatte cremige Suppe ergibt. Genießen.

Kichererbsen Kreuzkümmel Suppe

Zeit 20 Minuten
Ergibt 2 Portionen

1	Zwiebel, geschnitten
1	Knoblauchzehe, geschnitten
2	Selleriestangen, geschnitten
2 TL	gemahlener Kreuzkümmel
300ml	Gemüsebrühe
250g	Tomaten, geschnitten
250g	Dosenkichererbsen
2 TL	Zitronensaft
2 EL	Petersilie, geschnitten
	Etwas Olivenöl
	Salz und Pfeffer

Nährwerte pro Portion

220	Kalorien
29g	Kohlenhydrate
5g	Fette
12g	Proteine

1. Gemüse waschen und schneiden.
2. Öl in einer Pfanne erhitzen und vorsichtig die Zwiebel und den Sellerie für ein paar Minuten anbraten.
3. Kumin, Gemüsebrühe, Tomaten und Kichererbsen zu der Zwiebel und dem Sellerie in die Pfanne geben. Alles abdecken und für etwa 10 Minuten kochen lassen, bis alles weich ist.
4. Würzen, Zitronensaft unterrühren und die geschnittene Petersilie drüberstreuen. Genießen.

Suppen

Rote Paprika Joghurt Suppe

Zeit	30 Minuten
Ergibt	2 Portionen

150g	rote Paprika, geschnitten
1	Zwiebel
1	rote Chillischote, entkernt und geschnitten
240ml	passierte Tomaten
240ml	Gemüsebrühe
2 TL	getrocknetes Basilikum
1 TL	Dill, geschnitten
120ml	fettarmer Joghurt
	Salz und Pfeffer

Nährwerte pro Portion

206	Kalorien
31g	Kohlenhydrate
5g	Fette
7g	Proteine

1. Gemüse waschen und schneiden.
2. Alle Zutaten, bis auf das Basilikum und den Joghurt, in einem Topf zum Kochen bringen.
3. Abdecken und für 20 Minuten köcheln lassen.
4. Wenn das Gemüse durch ist, einen Pürierstab nutzen und alles pürieren, bis die Suppe eine geschmeidige Konsistenz hat.
5. Gut würzen und servieren. Den Joghurt nach Belieben in die Mitte der Servierschüssel auf die Suppe geben und mit dem frischen Dill bestreuen. Genießen.

THAILÄNDISCHE ZITRONENGRAS UND KÜRBIS SUPPE

ZEIT 25-30 MINUTEN
ERGIBT 2 PORTIONEN

500g	Butternusskürbis, geschnitten
1	Zwiebel, geschnitten
½ TL	gemahlener Ingwer
2	Zitronengrassstangen
2 TL	rote Currypaste
120ml	fettarme Kokosmilch
500ml	Gemüsebrühe
2 TL	Limettensaft
1	rote Chilischote, entkernt und geschnitten
	Etwas Olivenöl
	Salz und Pfeffer

NÄHRWERTE PRO PORTION

186	Kalorien
37g	Kohlenhydrate
3g	Fette
3g	Proteine

1. Ofen auf 200° vorheizen
2. Gemüse waschen und schneiden.
3. Anschließend die Kürbisstückchen mit etwas Öl bestreichen und für 20 Minuten im Ofen rösten.
4. Währenddessen, Zwiebeln, Chili, Ingwer und Zitronengras für ein paar Minuten anbraten.
5. Currypaste, Gemüsebrühe und den gerösteten Kürbis hinzugeben, alles nach Belieben würzen und für ein paar Minuten köcheln lassen.
6. Zitronengras aus der Suppe nehmen und die Suppe gut pürieren bis sie schön glatt und geschmeidig ist.
7. Limettensaft und Kokosmilch unterrühren und servieren. Genießen.

Toskanische Bohnensuppe

Suppen

Zeit 20 Minuten
Ergibt 2 Portionen

1	Zwiebel, geschnitten
2	Knoblauchzehen, geschnitten
2	Selleriestangen, geschnitten
2	Zucchini, geschnitten
200g	geschnittene Tomaten (aus der Dose oder frisch)
620ml	Gemüsebrühe
200g	gemischte Bohnen (aus der Dose)
1 TL	getrockneter Oregano
1 TL	getrocknetes Basilikum
2 EL	Tomatenmark
	Salz und Pfeffer

Nährwerte pro Portion

172	Kalorien
32g	Kohlenhydrate
2g	Fette
9g	Proteine

1. Gemüse gut waschen und schneiden.
2. Alle Zutaten, bis auf die Bohnen und die Zucchini, in einen Topf geben und für etwa 10 Minuten kochen lassen.
3. Die geschnittenen Bohnen und die Zucchini hinzufügen und anschließend alles für weitere 5 Minuten kochen lassen, bis das Ganze Gemüse weich ist.
4. Zuletzt gut würzen und servieren. Genießen.

Scharfe Erbsensuppe

Suppen

Zeit	25 Minuten
Ergibt	2 Portionen

1	Zwiebel, geschnitten
100g	Kartoffeln, geschält und geschnitten
2	Knoblauchzehen, geschnitten
1 TL	gemahlener Koriander
1 TL	gemahlener Kreuzkümmel
1 TL	gemahlener Ingwer
500ml	Gemüsebrühe
250g	gefrorene Erbsen
2 TL	frische Minze, geschnitten
120ml	entrahmte Milch
2 EL	fettarmer Joghurt
	Etwas Olivenöl

Nährwerte pro Portion

203	Kalorien
28g	Kohlenhydrate
4g	Fette
10g	Proteine

1. Gemüse waschen und schneiden.
2. Zwiebeln, Kartoffeln und Öl in eine Pfanne geben und anbraten bis die Zwiebeln beginnen weich und glasig zu werden.
3. Knoblauch und getrocknete Gewürze hinzugeben und für 1-2 Minuten alles gut umrühren.
4. Gemüsebrühe und Erbsen hinzugeben, alles abdecken und für etwa 15 Minuten köcheln lassen, bis die Kartoffeln weich sind.
5. Suppe von der Herdplatte nehmen und alles mit einem Pürierstab pürieren bis es eine glatte, geschmeidige Konsistenz hat.
6. Milch hinzugeben und alles erneut kurz aufwärmen.
7. Hitze ausstellen und den Joghurt unterrühren.
8. Zuletzt Würzen und mit der geschnittenen Minze bestreuen.

Melonen, Ingwer Suppe

Suppen

Zeit 25 Minuten
Ergibt 2 Portionen

1	Cantaloupe Melone, in Stücke geschnitten (Kerne & Schale entfernen)
1 ½ TL	frisch geraspelter Ingwer
	Saft einer ½ Limette
1	Prise Salz
1 EL	Honig
60ml	Milch
1 TL	gemahlene Muskatnuss
	Minzblätter, zum garnieren

Nährwerte pro Portion

249	Kalorien
56g	Kohlenhydrate
3g	Fette
6g	Proteine

1. Alle Zutaten außer der Milch und die Minzblätter in einen Mixer geben und gut mixen, bis alles eine glatte Masse ergibt.
2. Anschließend die Milch hinzufügen und erneut alles gut mixen, bis die Suppe eine cremige Konsistenz hat.
3. Die Suppe in eine Schüssel geben und mit den Minzblätter garnieren. Genießen.

KORIANDER-ZITRONEN HÄHNCHEN

ZEIT 45 MINUTEN
ERGIBT 2 PORTIONEN

300g	Hähnchenbrustfilets, jeweils in der Hälfte durchgeschnitten
	Zitronenschale und Zitronensaft einer Zitrone
1	Knoblauchzehe, geschält und zerdrückt
1	Handvoll frische Korianderblätter, geschnitten
2 TL	Olivenöl
	Salz und Pfeffer je nach Belieben

NÄHRWERTE PRO PORTION

215	Kalorien
3g	Kohlenhydrate
7g	Fette
35g	Proteine

1. Hähnchenbrust waschen und halbieren.
2. Zitrone in heißem Wasser gründlich abwaschen und anschließend auf Küchenpapier trocknen lassen.
3. Eine feine Reibe benutzen, um ein wenig Zitronenschale in eine mittelgroße Schale zu raspeln.
4. Knoblauch schälen und zerkleinern, Koriander schneiden und beides gemeinsam mit dem Olivenöl und dem Saft der Zitrone, in die Schüssel mit der geriebenen Zitronenschale geben.
5. Das Hähnchen in die Marinade legen und diese mit den Fingern über das Ganze Hähnchen verteilen, bis das Hähnchen vollständig damit bedeckt ist.
6. Das marinierte Hähnchen abdecken und für 15 Minuten in den Kühlschrank stellen.
7. Bratpfanne erhitzen und das Hähnchen bei mittlerer Hitze für 6-8 Minuten auf jeder Seite anbraten.
8. Nun die Hitze reduzieren und kochen lassen bis es durch ist.
9. Vor dem Servieren das Hähnchen für 2 Minuten in der Pfanne lassen.

Hauptgerichte (unter 300 kcal)

Gebackener Lachs mit grünem Spargel

Zeit	20 Minuten
Ergibt	2 Portionen

250g	Lachsfilet
1	Zweig Rosmarin
1	Salbeiblatt
4	schwarze Pfefferkörner
2g	Sternanis
1	Zitronengrasstängel
1	Knoblauchzehe, ungeschält & halbiert
2	dicke Zitronenscheiben
1 TL	Olivenöl
100g	grünen Spargel
	Zitronensaft zum drüber nieseln

Nährwerte pro Portion

294	Kalorien
7g	Kohlenhydrate
19g	Fette
9g	Proteine

1. Ofen auf 190 Grad vorheizen.
2. Aluminiumfolie auf einem Blech auslegen und den Lachs in der Mitte platzieren.
3. Rosmarin, Pfefferkörner, Sternanis, Zitronengras, Salbeiblatt, und Knoblauch um den Lachs herum platzieren. Die Zitronenscheiben auf dem Lachs platzieren und das Olivenöl drüber nieseln. Die Aluminiumfolie über dem Lachs wie ein Zelt schließen.
4. Den Lachs für 8 Minuten im Ofen backen lassen, den grünen Spargel hinzugeben und für weitere 8 Minuten in den Ofen stellen.
5. Nach den weiteren 8 Minuten aus dem Ofen nehmen und vor dem servieren für 2 Minuten abkühlen lassen.
6. Den grünen Spargel auf einem Teller arrangieren und den Lachs obendrauf platzieren.
7. Ein wenig Zitronensaft drüber träufeln und servieren.

Hauptgerichte (unter 300 kcal)

Grüner Spargel und Cherry Tomaten Pasta

Zeit 15 Minuten
Ergibt 2 Portionen

50g	Muschelnudeln
100g	grünen Spargel, geschnitten
10	Cherry Tomaten, geviertelt
2	Frühlingszwiebeln
1 TL	Olivenöl
1 TL	Balsamico Essig
1	Scheibe Parma Schinken, geschnitten
5g	Parmesan, fein geraspelt
	Salz und Pfeffer je nach Belieben

Nährwerte pro Portion

176	Kalorien
23g	Kohlenhydrate
4g	Fette
7g	Proteine

1. Nudeln nach Anleitung kochen.
2. Grünen Spargel für 4-5 Minuten leicht in kochendem Wasser kochen lassen bis er weich ist.
3. Cherry Tomaten, Frühlingszwiebeln, Olivenöl und Balsamico Essig zusammenmixen.
4. Nudeln und Grünen Spargel in eine Schüssel geben und die Cherry Tomaten darüber geben.
5. Parmesan darüber streuen und je nach Belieben mit Salz und Pfeffer würzen.

Hauptgerichte (unter 300 kcal)

Kabeljau mit gebackenen Cherry Tomaten

Zeit 17 Minuten
Ergibt 2 Portionen

130g	Kabeljaufilets
	Schale und Saft von 2 Zitronen
2	Minzstängel, Blätter entfernt und klein geschnitten
12	Cherry Tomaten
1 EL	Balsamico Essig
	Pfeffer und Salz

Nährwerte pro Portion

81	Kalorien
6g	Kohlenhydrate
1g	Fette
11g	Proteine

1. Ofen auf 160 Grad vorheizen.
2. Aluminiumfolie auf ein Blech legen und den Fisch in der Mitte platzieren. Das Stück Aluminiumfolie sollte groß genug sein, um später den kompletten Fisch zu bedecken.
3. Den Zitronensaft über den Fisch träufeln und mit einer feinen Reibe anschließend etwas Zitronenschale darüber raspeln, sowie die geschnittene Minze darüber streuen.
4. Cherry Tomaten abwaschen und vierteln, um den Fisch herum verteilen und den Balsamico Essig darüber träufeln.
5. Den Fisch und die restlichen Zutaten mit der Aluminiumfolie umhüllen und das Ganze für 12 Minuten im Ofen backen lassen, bis der Fisch weiß und durch ist. Die Tomaten sollten weich und kurz vorm platzen sein.
6. Je nach Belieben vor dem servieren noch mit etwas Pfeffer würzen.

RIND GEBACKEN MIT AUBERGINEN

ZEIT 10 MINUTEN
ERGIBT 2 PORTIONEN

60g	gehacktes Rindfleisch
240g	geschnittene Tomaten
1	Aubergine, in mittelgroße Scheiben geschnitten
2	Knoblauchzehen, geschält und fein geschnitten
2 TL	gemischte italienische getrocknete Kräuter

NÄHRWERTE PRO PORTION

136	Kalorien
13g	Kohlenhydrate
5g	Fette
8g	Proteine

1. Ofen auf 160° vorheizen.
2. Bei mittlerer Hitze Hackfleisch und Knoblauch unter ständigem Rühren anbraten. Das Fett anschließend abtropfen lassen.
3. Auberginen hinzugeben und erneut alles braten.
4. Geschnittene Tomaten und Kräuter hinzufügen und anschließend alles gut miteinander verrühren.
5. Zuletzt alles in eine schmale Ofenform geben und für etwa 10 Minuten backen lassen. Servieren und genießen.

Hauptgerichte (unter 300 kcal)

Das ultimative Sandwich

Zeit 5 Minuten
Ergibt 2 Portionen

2	Scheiben Mehrkornbrot (Mischbrot, Vollkornbrot, je nach Belieben)
125g	geräucherte Hähnchenbrust, geschnitten
8	Tomatenscheiben
3	Eisbergsalatblätter, geschnitten
2	Streifen nicht geräucherter Bacon, gebraten bis er knusprig ist
2 EL	fettarme Mayonnaise
2 TL	fettarme Margarine (light)

Nährwerte pro Portion

258	Kalorien
44g	Kohlenhydrate
16g	Fette
32g	Proteine

1. Bacon anbraten bis er knusprig ist und warmhalten.
2. Tomaten und Salatblätter je nach Belieben in große, mittelgroße oder kleine Scheiben/ Stücke schneiden.
3. Das Brot nach Belieben leicht toasten und mit einem TL Margarine bestreichen
4. Brotscheiben mit vorbereitetem Salat, Tomaten und dem Hähnchen belegen.
5. Knusprigen, noch warmen Bacon auf fertiges Sandwich legen und nach Bedarf mit der fettarmen Mayonnaise beträufeln. Servieren.

Räucherlachs mit Garnelen, Créme Fraîche und Honig-Limetten-Vinaigrette

Zeit 15 Minuten
Ergibt 2 Portionen

2	Scheiben Räucherlachs
10	große Garnelen, gekocht und geschält mit Schwanz
1 TL	Meerrettich
1 EL	Créme Fraîche
	Für den Salat:
2	Handvoll grünen Salat
½ TL	frischer Ingwer, geraspelt
	Saft und Schale einer Limette
1 TL	Honig
3 EL	Olivenöl
	Salz und Pfeffer

Nährwerte pro Portion

294	Kalorien
4g	Kohlenhydrate
27g	Fette
21g	Proteine

1. Den Meerrettich mit der Créme Fraîche, dem Salz und dem Pfeffer vermengen.
2. Für das Dressing die Limettenschale und den Limettensaft, den Ingwer, den Honig, Olivenöl, Salz und Pfeffer miteinander vermengen.
3. Die Salatblätter mit dem fertigen Dressing vermischen und auf dem Teller platzieren. Bei Bedarf ein wenig von dem übrigen Dressing darüber träufeln.
4. Die Garnelen und den geräucherten Lachs auf dem Salat arrangieren und zum Schluss die Meerrettich-Mixtur über den Fisch träufeln und genießen!

Hauptgerichte (unter 300 kcal)

Zeit 10 Minuten
Ergibt 2 Portionen

50g	weißes Krabbenfleisch
1	Handvoll frisches Basilikum, geschnitten (ein paar Blätter übrig lassen zum garnieren)
1	Avocado
½ TL	Senf
1 EL	Olivenöl
½	rote Chilischote, geschnitten und entkernt
	Salz und Pfeffer

Nährwerte pro Portion

230	Kalorien
9g	Kohlenhydrate
20g	Fette
8g	Proteine

Mit Krabbenfleisch und Basilikum gefüllte Avocado

1. Das Krabbenfleisch in Flocken in eine Schüssel geben und anschließend das Olivenöl, den Senf, Salz und Pfeffer hinzugeben. Alles gut miteinander vermengen.
2. Die Avocado halbieren, den Kern entfernen und den Hohlraum jeweils mit der Hälfte der Krabben-Mixtur füllen.
3. Zuletzt die gefüllten Avocados mit Basilikum und Chili bestreuen. Genießen.

Hauptgerichte (unter 300 kcal)

Kräuterhähnchen mit Creme Fraîche

Zeit 25 Minuten
Ergibt 2 Portionen

300g	Hähnchenbrustfilets
50g	Créme Fraîche
160ml	Apfelessig
4g	Petersilie, gehackt
1 EL	frischer Thymian
½ EL	Vollkornsenf
½	Zwiebel, geschnitten
½	Knoblauchzehe, geschnitten
1 TL	Olivenöl
	Gedünsteten Brokkoli, zum servieren
	Salz und Pfeffer

Nährwerte pro Portion

298	Kalorien
5g	Kohlenhydrate
12g	Fette
36g	Proteine

1. Öl in einer Pfanne mit einem passenden Deckel erhitzen und das Hähnchen 3 Minuten auf jeder Seite anbraten, bis es etwas braun ist.
2. Hähnchen aus der Pfanne nehmen und mit einem Löffel die geschnittene Zwiebel und den Knoblauch hinzugeben. Beides zusammen für etwa 3 Minuten kochen lassen.
3. Anschließend den Apfelessig in die Pfanne geben und zum Kochen bringen.
4. Wenn die Zutaten in der Pfanne kochen, das Hähnchen erneut in die Pfanne legen und für etwa 10 Minuten bei geschlossenem Deckel mit dem Rest in der Pfanne kochen lassen.
5. Zuletzt Vollkornsenf, Creme Fraîche und die Kräuter hinzugeben, alles leicht zum Köcheln bringen und je nach Belieben mit Salz und Pfeffer abschmecken.
6. Mit gedünstetem Brokkoli servieren und genießen.

Hauptgerichte (unter 300 kcal)

Geräucherter Lachs mit Grapefruit-Fenchel Salat

Zeit 10 Minuten
Ergibt 2 Portionen

2	Scheiben Räucherlachs
1	Grapefruit, segmentiert
50g	Brunnenkresse
½	Fenchelknollen geschnitten
1 TL	Fenchelsamen, zerkleinert
½	rote Zwiebel, in Scheiben geschnitten
	Für das Dressing:
1 EL	Vollkornsenf
1 TL	Honig
1 EL	Olivenöl
	Salz

Nährwerte pro Portion

151	Kalorien
10g	Kohlenhydrate
10g	Fette
10g	Proteine

1. Grapefruit segmentieren und in eine Schüssel geben. Den Saft der Grapefruit in eine separate Schüssel pressen.
2. Für das Dressing, Honig, Senf und Olivenöl in die Schüssel mit dem Grapefruitsaft geben und mit Salz abschmecken.
3. Die Grapefruitsegmente mit der roten Zwiebel, der Wasserkresse, dem Fenchel und der Hälfte des Dressings gut vermischen.
4. Den Räucherlachs über den Grapefruit-Fenchelsalat bröseln, anschließend alles mit dem restlichen Dressing beträufeln und die zerkleinerten Fenchelsamen darüber streuen. Genießen.

Zitronenhuhn aus dem Topf

Zeit	30 Minuten
Ergibt	2 Portionen

½	Zitrone
½ TL	Olivenöl
300g	Hähnchenbrustfilet
½	rote Zwiebel, geschält und geschnitten
1 TL	Currypulver
½ TL	Kurkuma
100g	Basmatireis
250ml	Hühnerbrühe
100g	Blumenkohl, in kleine Röschen geschnitten
100g	grüne Bohnen, frisch oder gefroren
1	Handvoll frischer Koriander

Nährwerte pro Portion

408	Kalorien
48g	Kohlenhydrate
4g	Fette
42g	Proteine

1. Gemüse waschen und schneiden.
2. Zitrone in heißem Wasser waschen und dann abtrocknen. Anschließend in der Länge halbieren und in sehr dünne Scheiben schneiden.
3. In einer großen Bratpfanne mit Deckel oder einem Bräter, das Olivenöl bei mittlerer Hitze erhitzen. Die Hähnchenfilets und die Zwiebeln in das heiße Öl legen und gemeinsam anbraten bis das Hähnchen auf beiden Seiten schön goldbraun ist. Dann das Currypulver unterrühren, Kurkuma, Reis und Hähnchenbrühe hinzugeben.
4. Zuletzt Blumenkohl, Bohnen und die Zitronenscheiben in die Pfanne geben und alles zum Kochen bringen. Kocht es, Hitze reduzieren und alles mit geschlossenem Deckel für etwa 10 Minuten köcheln lassen.
5. Das Hähnchen sollte gut durch sein und der Reis bissfest.
6. Koriander für den Geschmack unterrühren. Genießen.

Hauptgerichte (unter 600 kcal)

In Ei gebratener Reis mit Garnelen

Zeit	15 Minuten
Ergibt	2 Portionen

80g	Basmatireis
40g	gefrorene Erbsen
2 TL	Olivenöl
3	große Eier
3	Frühlingszwiebeln, geschnitten
½	Knoblauchzehe
225g	gekochte Garnelen
1 EL	trockener Sherry
1	kleine Hand voll frischer Korianderblätter, geschnitten
	Salz und frisch gemahlener schwarzer Pfeffer

Nährwerte pro Portion

434	Kalorien
38g	Kohlenhydrate
17g	Fette
35g	Proteine

1. Reis nach Packungsanweisung kochen und die Erbsen für die letzten 5 Minuten der Kochzeit hinzugeben.
2. 1TL Olivenöl in einem großen Topf oder Wok erhitzen, Eier in die Pfanne geben, leicht verquirlen und anbraten, bis sie immer noch etwas flüssig, aber fast durch sind. Anschließend das Ei in eine Schüssel geben, abdecken und beiseitestellen.
3. Das verbliebene Öl erhitzen, Frühlingszwiebeln und den Knoblauch für eine Minute leicht anbraten, dann die Garnelen hinzugeben und für eine weitere Minute alles anbraten.
4. Sherry und Koriander hinzugeben, mit Salz und Pfeffer würzen und Reis mit Erbsen einrühren.
5. Alles für eine weitere Minute kochen lassen bevor zuletzt das halbfertige Rührei untergerührt wird. Sofort Servieren und genießen.

HAUSGEMACHTER RINDBURGER MIT SÜẞKARTOFFELECKEN

ZEIT 45 MINUTEN
ERGIBT 2 PORTIONEN

200g	Süßkartoffeln
2 TL	Sonnenblumenöl
250g	gehacktes Rindfleisch
2	Frühlingszwiebeln
1	kleine Knoblauchzehe, geschält und geschnitten
½ TL	getrocknete Kräuter
1 TL	Worcestersoße
1 TL	Olivenöl
	Salz und frisch gemahlener schwarzer Pfeffer

NÄHRWERTE PRO PORTION

329	Kalorien
24g	Kohlenhydrate
13g	Fette
29g	Proteine

1. Ofen auf 220°C vorheizen.
2. Süßkartoffeln schälen und in große Stücke schneiden. Je nach Belieben kann die Schale auch dranbleiben.
3. Süßkartoffelspalten in eine Pfanne mit kaltem gesalzenen Wasser geben und zum Kochen bringen. Für etwa 15 Minuten in dem Topf lassen, inklusive der Zeit die das Wasser zum Erwärmen braucht. Anschließend Süßkartoffeln abtropfen und abkühlen lassen bis sie kalt genug sind um sie anzufassen.
4. Süßkartoffeln auf einem Ofenblech platzieren und mit etwas Öl bestreichen. Alles gut vermischen, so dass alle Süßkartoffelspalten gut mit Öl bedeckt sind. Gut mit Salz und Pfeffer würzen und für etwa 25-30 Minuten im Ofen backen lassen, bis sie knusprig und goldig sind.
5. Das gehackte Rindfleisch, die Frühlingszwiebeln, den Knoblauch, die getrockneten Kräuter, die Worcestersauce, Salz und Pfeffer in eine Schüssel geben und mit den Händen kneten bis alles gut vermischt und eine einheitliche Fleischmasse ist. Die fertige Fleischmasse in 4 gleich große Klumpen teilen und zu 4 Bällen zusammenrollen, anschließend die Bälle mit dem Handballen plattdrücken, bis sie aussehen wie Burger, anschließend auf einem Teller platzieren und für eine halbe Stunde in den Kühlschrank stellen.
6. Olivenöl in einer großen Pfanne erhitzen und die Burger für 8-10 Minuten braten, die Burger dabei einmal umdrehen. Sofort mit den Süßkartoffelspalten servieren. Genießen.

Hauptgerichte (unter 600 kcal)

Hähnchen und Brokkoli in Weißwein

Zeit 15 Minuten
Ergibt 2 Portionen

80g	Basmatireis
1 TL	Olivenöl
1	Knoblauchzehe, geschält und geschnitten
2	Frühlingszwiebeln, geschnitten
½ TL	getrocknete Kräuter
300g	Hähnchenbrustfilets, beide halbiert
150g	Brokkoli, getrimmt
200ml	trockener Weißwein
2 EL	Weichkäse
1	Handvoll frische Petersilie, geschnitten

Nährwerte pro Portion

462	Kalorien
36g	Kohlenhydrate
8g	Fette
42g	Proteine

1. Reis nach Packungsanweisung kochen und auf 2 Schüsseln verteilen.
2. Öl erhitzen, Knoblauch, Frühlingszwiebeln und getrocknete Kräuter in einer kleinen Bratpfanne mit Deckel oder einem Topf für 1-2 Minuten anbraten. Dann das Hähnchen hinzufügen und für etwa 4 Minuten anbraten, bis die erste Seite goldig ist.
3. Anschließend die Hähnchenbrustfilets umdrehen und den Brokkoli und den Weißwein hinzufügen. Deckel schließen und sobald es anfängt zu kochen die Hitze reduzieren.
4. Die Hähnchenbrustfilets im Wein für etwa 5 Minuten kochen lassen bis sie durch ist. Nachsehen, ob das Hähnchen auch wirklich durch ist bevor das Hähnchen und der Brokkoli aus der Pfanne genommen werden und anschließend beides gut abdecken.
5. Die verbliebene Flüssigkeit in der Pfanne erneut zum Kochen bringen und den Weichkäse unterrühren. Das Ganze etwa 2-3 Minuten blubbern lassen bis es eine schöne dicke Soße ergibt und dann die Petersilie unterrühren.
6. Das Hähnchen und den Brokkoli auf dem Reis arrangieren und zuletzt die Soße darüber gießen. Genießen.

Butternusskürbis mit würzigem Lamm

Zeit 30 Minuten
Ergibt 2 Portionen

300g	Butternusskürbis, geschält und gewürfelt
1 TL	Olivenöl
1	Knoblauchzehe
2	frische Minzblätter
1	großes Bündel Petersilie
	Saft einer Zitrone
2 EL	extra reines Olivenöl
180g	Lammbeinsteaks

Nährwerte pro Portion

298	Kalorien
17g	Kohlenhydrate
16g	Fette
20g	Proteine

1. Ofen auf 220°C vorheizen.
2. Butternusskürbis auf einem Backblech arrangieren und mit einem Teelöffel Olivenöl beträufeln. Für 20 Minuten im Ofen backen
3. Währenddessen den Knoblauch, ein wenig Salz, die Kräuter und den Saft der Zitrone in einen Mixer geben und mixen bis alles zusammen eine glatte Paste ergibt. Wenn Sie keinen Mixer oder Pürierstab besitzen können Sie die Zutaten auch einfach in ganz feine Stücke schneiden und vermengen. Geben Sie dann das Olivenöl hinzu und mixen es erneut bis es eine glatte emulgierte Soße ergibt und kippen es in ein großes Gefäß das groß genug für das Lamm ist.
4. Grill oder eine Pfanne auf mittlere Hitze erhitzen. Das Lamm würzen und für 5-8 Minuten auf jeder Seite anbraten, abhängig davon wie sie ihr Lamm am liebsten mögen. Es sollte außen gebraten sein und innen nach Belieben noch ein wenig rosa. Sie sollten sicher gehen das es wirklich heiß wird, um die 145°C , das können Sie mit einem Fleischthermometer überprüfen.
5. Legen Sie das Lamm in das Serviergefäß mit der Soße und löffeln die Soße über das Lamm. Das Ganze für ein paar Minuten ziehen lassen.
6. Den Butternusskürbis nach 20 Minuten aus dem Ofen holen und mit einer Gabel leicht zerdrücken.
7. Butternusskürbismus auf 2 Teller verteilen, das Lamm darauf platzieren und mit der Soße übergießen.

Hauptgerichte (unter 600 kcal)

Gegrilltes Lamm mit würzigem Zitronencouscous

Zeit	30 Minuten
Ergibt	2 Portionen

1 TL	Olivenöl
1	Knoblauchzehe, fein geschnitten
100g	Couscous, roh
250ml	heiße Hühnerbrühe
180g	Lammbeinsteaks
	Salz und frisch gemahlener schwarzer Pfeffer
	Saft und Schale einer Zitrone
50g	Rucola

Nährwerte pro Portion

333	Kalorien
38g	Kohlenhydrate
8g	Fette
26g	Proteine

1. Öl in einem mittelgroßen Topf, bei mittlerer Hitze erhitzen und den Knoblauch für etwa 2 Minuten anbraten bis er goldig ist. Anschließend den Couscous unterrühren und für 1-2 Minuten unter ständigem Rühren anbraten. Danach die Hitze ausschalten.
2. 250ml heiße Hühnerbrühe hinzufügen und sanft umrühren. Den Topf mit einem Deckel schließen und den Couscous für 15 Minuten "kochen" bzw. ziehen lassen. Wenn der Couscous die ganze Flüssigkeit aufgenommen hat, ist er gar.
3. Während der Couscous "kocht", den Grill oder eine Pfanne auf mittlerer Hitze erhitzen.
4. Würzen sie das Lamm mit Salz und Pfeffer und platzieren es auf dem heißen Grill oder der Pfanne. Die Garzeit des Lamms ist von der Dicke und des gewünschten Garpunktgrades abhängig und liegt zwischen 5- 8 Minuten auf jeder Seite. Wenn sie ein Fleischthermometer haben sollte die Temperatur bei ungefähr 145° liegen.
5. Das Lamm nach dem Garen abgedeckt für Minuten bei Seite legen, dadurch wird es schön weich.
6. Wenn das Lamm und der Couscous fertig sind, die Zitronenschale und den -saft unter den Couscous rühren und zuletzt den Rucola.
7. Servieren Sie das Lamm auf einem Couscous Bett und beträufeln es mit ein wenig von dem Rest des Zitronensaftes

Hauptgerichte (unter 600 kcal)

Hähnchen-Erdnuss-Curry

Zeit 20 Minuten
Ergibt 2 Portionen

2	Hähnchenbrustfilets, in kleine Stücke geschnitten
2 ½ EL	Erdnussbutter
75ml	Hühnerbrühe
100g	griechischer Joghurt
1	Bündel Koriander, geschnitten
2cm	frischer Ingwer, geschnitten
1	Knoblauchzehe, geschnitten
½	rote Chilischote, entkernt und geschnitten
½ EL	Sonnenblumenöl

Nährwerte pro Portion

342	Kalorien
15g	Kohlenhydrate
17g	Fette
29g	Proteine

1. Chili, Knoblauch, Ingwer und ein Drittel von dem Koriander zu einer dicken Paste verarbeiten (mit Mixer, Pürierstab oder ähnlichen Küchengeräten).
2. Öl in einer Pfanne erhitzen und das Hähnchen für ungefähr 1 Minute leicht anbraten.
3. Chilipaste in die Pfanne geben und alles gut umrühren.
4. Anschließend Erdnussbutter, Joghurt und Hühnerbrühe hinzugeben und kochen lassen bis das Hähnchen durch ist und die Soße verdickt.
5. Den verbliebenen Koriander unterrühren und das verbliebene Chili oben drüberstreuen. Servieren und genießen.

Hauptgerichte (unter 600 kcal)

Gebratene Jakobsmuscheln mit Knoblauchkartoffeln

Zeit	20 Minuten
Ergibt	2 Portionen

250g	Kartoffeln, geviertelt
1 EL	Sonnenblumenöl
1	Knoblauchzehe, geschält und geschnitten
	Frisch gemahlener schwarzer Pfeffer
½	rote Zwiebel, in Halbringe geschnitten
50g	Kresse
250g	frische Jakobsmuscheln, horizontal halbiert
	Saft einer Zitrone

Nährwerte pro Portion

270	Kalorien
27g	Kohlenhydrate
6g	Fette
25g	Proteine

1. Die Kartoffeln für 12-15 Minuten kochen bis sie weich sind. Abtropfen lassen und zum Abkühlen für ein paar Minuten auf einem Papiertuch in der Küche liegen lassen.
2. Öl in einer Bratpfanne erhitzen (mittlere Hitze) und die Kartoffeln mit dem Knoblauch und dem Pfeffer anbraten bis die Kartoffeln langsam beginnen braun zu werden.
3. Kartoffeln und Knoblauch vom Herd nehmen und in eine Schüssel mit der roten Zwiebel und der Kresse geben.
4. Die Bratpfanne mit Küchenpapier gut auswischen um die letzten Reste des Öls zu entfernen und bei starker Hitze erhitzen. Wenn die Bratpfanne heiß ist, die Jakobsmuscheln für 1-2 Minuten hinzufügen und auf beiden Seiten anbraten, so dass sie gerade durch sind.
5. Die angebratenen Jakobsmuscheln zu den Kartoffeln in die Schüssel geben und vor dem servieren den Saft einer Zitrone drüber nieseln. Servieren und genießen.

WASABI LACHS

ZEIT 25 MINUTEN
ERGIBT 2 PORTIONEN

2	Lachfilets, um die 130g
2 TL	Wasabipaste
2 EL	Naturjoghurt
2 EL	Weißweinessig
4	frische Minzblätter, fein geschnitten
	Salz und frisch gemahlener schwarzer Pfeffer
160g	Babyblattsalat
4	Radieschen, in feine Scheiben geschnitten
10cm	Stück Gurke, in der Länge halbiert und in Scheiben geschnitten
4	Frühlingszwiebeln, geschnitten

NÄHRWERTE PRO PORTION

329	Kalorien
9g	Kohlenhydrate
20g	Fette
29g	Proteine

1. Ofen auf 200°C vorheizen.
2. Lachsfilets auf einem Backblech platzieren und für 16-18 Minuten, bis der Lachs durch ist im Ofen backen. Wenn der Lachs fertig ist das Blech aus dem Ofen holen und beiseitestellen.
3. Wenn der Lachs etwas abgekühlt ist die Oberseite mit Wasabi einreiben.
4. In einer kleinen Schüssel den Joghurt, den Essig, die Minze, Salz und Pfeffer gut verrühren. Wenn alles gut miteinander vermischt ist für 5 Minuten ziehen lassen, damit sich die Aromen entfalten können.
5. Den Salat auf einem Servierteller arrangieren und Radieschen, Gurke und Frühlingszwiebeln obendrauf legen. Den Lachs leicht über den Salat bröseln und das Dressing drüber nieseln. Servieren und Genießen.

RÄUCHERLACHS MIT GRÜNEN BOHNEN UND KRÄUTERN

ZEIT 25 MINUTEN
ERGIBT 2 PORTIONEN

250g	Räucherlachs
200g	grüne Bohnen
150g	Kartoffeln
1	Schuss Olivenöl
	Für das Dressing:
2 EL	Weißweinessig
1 TL	Dijon Senf
1	Handvoll frische Kräuter ihrer Wahl
2 EL	Pflanzenöl
4 EL	Olivenöl

NÄHRWERTE PRO PORTION

592	Kalorien
16g	Kohlenhydrate
33g	Fette
29g	Proteine

1. Für das Dressing, den Senf, Kräuter, Weißweinessig, Olivenöl, Pflanzenöl in einer Schüssel vermischen.
2. Die Kartoffeln etwa 8 Minuten in kochendem Wasser kochen. Grüne Bohnen hinzufügen und mit den Kartoffeln für weitere 4 Minuten kochen lassen.
3. Anschließend die Kartoffeln und die grünen Bohnen abgießen und zu dem Dressing hinzugeben.
4. Die restlichen 2 Esslöffel Olivenöl in einer Pfanne erhitzen, den Lass in die Pfanne geben und 3 Minuten auf jeder Seite braten lassen.
5. Die Kartoffeln und die grünen Bohnen auf einen Teller geben, den Lachs darauf arrangieren und genießen.

Hauptgerichte (unter 600 kcal)

Lachs-Brokkoli-Auflauf auf asiatische Art

Zeit 25 Minuten
Ergibt 2 Portionen

2	Lachfilets
½	Brokkolikopf, nur die Röschen
½	Bündel Frühlingszwiebeln, geschnitten
1 EL	Sojasoße
½	Zitrone

Nährwerte pro Portion

318	Kalorien
7g	Kohlenhydrate
19g	Fette
31g	Proteine

1. Ofen auf 200°C vorheizen.
2. Lachs in einem Bräter platzieren, dabei jeweils zwischen den Filets etwas Platz lassen.
3. Anschließend die Brokkoliröschen um den Lachs herum in dem Bräter arrangieren und den Saft von der Hälfte der Zitrone darüber träufeln. Die andere Hälfte der Zitrone vierteln und mit dem Lachs und den Brokkoli in den Bräter legen.
4. Zuletzt die geschnittenen Frühlingszwiebeln und das Olivenöl darüber geben und für 15 Minuten im Ofen backen lassen.
5. Nach 15 Minuten den Bräter aus dem Ofen holen, alles mit der Sojasoße beträufeln und für weitere 4 Minuten backen lassen.
6. Anschließend mit den restlichen Frühlingszwiebeln bestreuen und servieren. Genießen.

Salate

Tomaten Avocado Salat

Zeit 15 Minuten
Ergibt 2 Portionen

1	Avocado, geschält entkernt und geschnitten
2	reife Tomaten, geschnitten
3	Koriander Zweige
½	Knoblauchzehe, geschnitten
½	Limette
1 EL	Limettensaft, frisch
1 ½ EL	rote Zwiebel, geschnitten
	Salz und Pfeffer

Nährwerte pro Portion

195	Kalorien
14g	Kohlenhydrate
15g	Fette
3g	Proteine

1. Gemüse waschen und in beliebig große Stücke schneiden
2. Alle Zutaten in einer großen Schüssel zusammen mixen und servieren.

Salate

Griechischer Salat

Zeit 15 Minuten
Ergibt 2 Portionen

1	Gurke, geschält und geschnitten
2	reife Tomaten, geschnitten
3	schwarze Oliven, in Scheiben geschnitten
½ TL	Oregano
1 TL	Zitronensaft
25ml	Olivenöl
50g	Fetakäse, zerbröckelt
	Salz und Pfeffer

Nährwerte pro Portion

210	Kalorien
6g	Kohlenhydrate
19g	Fette
6g	Proteine

1. Gemüse waschen und in beliebig große Stücke schneiden.
2. Alles in eine große Schüssel geben und gut vermischen, mit Salz und Pfeffer würzen und servieren.

Osteuropäischer Rote Beete Salat

Salate

Zeit 20 Minuten
Ergibt 2 Portionen

2 EL	fettarme Mayonnaise
60g	Walnüsse
45g	Pflaumen
300g	rote Beete
½	Knoblauchzehe
	Salz

Nährwerte pro Portion

345	Kalorien
32g	Kohlenhydrate
22g	Fette
8g	Proteine

1. Rote Beete kochen oder im Wasserdampf garen. Um zu sehen, ob die rote Beete durch ist, stechen sie mit einem Messer in die rote Beete, geht es leicht ist die rote Beete gar.
2. Anschließend die gekochte rote Beete schälen und schneiden.
3. Knoblauch und Pflaumen schneiden und in einer Schüssel mit der roten Beete vermischen.
4. Walnüsse in kleine Stücke hacken und in den Salat geben.
5. Mayonnaise unterrühren und alles mit Salz abschmecken. Genießen.

Quinoasalat

Salate

Zeit 10 Minuten
Ergibt 2 Portionen

10	Oliven (schwarz oder grün), halbiert
120g	Naturtofu, abgetropft und zerkrümelt
50g	fettarmer Fetakäse
10g	Spinat
4	Tomaten, geschnitten
2	Knoblauchzehen, geschnitten
½	rote Zwiebel geschnitten
110g	Quinoa, gekocht
	Pfeffer und Salz
1 EL	griechische Vinaigrette

Nährwerte pro Portion

289	Kalorien
21g	Kohlenhydrate
15g	Fette
17g	Proteine

1. Gemüse waschen und in beliebig große oder kleine Stücke schneiden.
2. Alles in eine große Schüssel geben und gut vermischen.
3. Dressing überrieseln und mit Pfeffer und Salz nach Belieben würzen. Servieren.

Grüner Spargel und Pilz Salat

Zeit 10 Minuten
Ergibt 2 Portionen

12	grüne Spargelstangen
80g	Pilze, geschnitten
2 TL	frische Petersilie, geschnitten
2 TL	Zitronensaft
1 TL	Parmesan, fein
1 TL	Olivenöl
	Salz und Pfeffer

Nährwerte pro Portion

288	Kalorien
31g	Kohlenhydrate
6g	Fette
28g	Proteine

4. Gemüse waschen.
5. Alle harten/ zähen Stücke des grünen Spargels entfernen und die Stiele in feine Scheiben schneiden.
6. Pilze in dünne Scheiben schneiden.
7. Alles in eine Schüssel geben, würzen und die restlichen Zutaten außer den Parmesan hinzugeben.
8. Alles gut vermischen und zuletzt den Parmesan drüberstreuen. Genießen.

SALATE

SCHARFER KARTOFFELSALAT

ZEIT 25 MINUTEN
ERGIBT 2 PORTIONEN

200g	Kartoffeln, geschnitten
½	Avocado
4 TL	Zitronensaft
1	Knoblauchzehe, geschnitten
2	Fleischtomaten
1	rote Chilischote, geschnitten
2	gelbe Paprika, geschnitten
8	Frühlingszwiebeln
1 TL	Olivenöl
2 EL	frisch geschnittener Koriander
	Salz und Pfeffer

NÄHRWERTE PRO PORTION

306	Kalorien
37g	Kohlenhydrate
24g	Fette
10g	Proteine

1. Gemüse waschen und in Würfel schneiden.
2. Kartoffeln in gesalzenem Wasser kochen bis sie durch sind und zum Abkühlen beiseitestellen
3. Währenddessen das Avocado Fleisch mit dem geschnittenen Chili, dem Zitronensaft, dem Knoblauch und den Gewürzen zerdrücken.
4. Geschnittene Kartoffeln, Tomaten, Paprika, Frühlingszwiebeln und Olivenöl in eine Schüssel geben, gut vermischen und würzen.
5. Portion auf einem Teller arrangieren und mit der Avocadomixtur oben drauf servieren. Nach Belieben geschnittenen Koriander drüberstreuen.

Halloumikäse und Wassermelonen Salat

Zeit 25 Minuten
Ergibt 2 Portionen

100g	Halloumikäse, in dünne Scheiben geschnitten
500g	Wassermelone, geschnitten
100g	frische Erbsen
150g	kleine Zucchini
2 EL	Zitronensaft
2 TL	Olivenöl
2 EL	geschnittene frische Minze
1 TL	zerdrückte Chili Flocken

Nährwerte pro Portion

369	Kalorien
34g	Kohlenhydrate
20g	Fette
27g	Proteine

1. Gemüse und Obst waschen und schneiden. Die Zucchini längs in der Mitte durchschneiden, den Käse in Scheiben schneiden, die Wassermelone würfeln.
2. Eine Pfanne mit dem Öl erhitzen und die Baby Zucchinihälften, mit dem Fleisch nach unten in der Pfanne platzieren, daneben den geschnittenen Käse legen.
3. Beides gut würzen, mit den Chiliflakes bestreuen und für etwa 2-3 Minuten auf jeder Seite anbraten bis es goldbraun ist.
4. In einer Schüssel die Minze, das Olivenöl, die Wassermelonenwürfel, die frischen Erbsen und den Zitronensaft geben.
5. Auf einem Teller die angebratenen Zucchini und den Halloumikäse mit dem Wassermelonensalat arrangieren.

SALATE

WARME ZUCCHINI UND MOZZARELLA SALAT

ZEIT 10 MINUTEN

ERGIBT 2 PORTIONEN

500g	Zucchini
40	Cherry Tomaten, geviertelt
	Schale einer Zitrone
2 EL	Balsamico Essig
3 TL	Olivenöl
1	Knoblauchzehe, geschält und geschnitten
	Salz und Pfeffer
10	frische Basilikumblätter
150g	Mozzarella

NÄHRWERTE PRO PORTION

409	Kalorien
33g	Kohlenhydrate
24g	Fette
22g	Proteine

1. Gemüse und Mozzarella waschen und schneiden.
2. Einen Gemüseschäler verwenden um die Zucchini in "Bänder" zu schneiden. Das erste "Band" aussortieren, da es hauptsächlich aus der Schale besteht. Zucchini bis zu den Samen mit dem Gemüseschäler schneiden und wenn die Samen erreicht sind drehen und erneut schälen. Anschließend die Zucchini zwischen zwei Blättern Küchenpapier zusammendrücken, um überschüssige Feuchtigkeit zu absorbieren.
3. Tomaten, Zitronenschale, Balsamico Essig und 2TL Olivenöl in einer Schüssel vermischen.
4. In einer großen Bratpfanne 1TL Olivenöl bei mittlerer Hitze erhitzen. Wenn die Pfanne und das Öl heiß sind, den Knoblauch hinzugeben und für 1 Minute anbraten. Die Zucchini-Bänder hinzugeben, mit Salz und Pfeffer würzen und für etwa 2 Minuten kochen. Alles umrühren und für weitere 1-2 Minuten kochen bis die Zucchini-Bänder durch sind.
5. Die Zucchini-Bänder in eine Servierschale geben und die Tomatenmixtur oben drauf gießen.
6. Basilikum zerreißen und anschließend Basilikum und Mozzarella über den Salat streuen. Genießen.

Erdbeer-Pecannuss-Salat

Salate

Zeit	10 Minuten
Ergibt	2 Portionen

200g	Babyspinat
200g	Erdbeeren, halbiert
2 EL	Pecannüsse, geschnitten
2 TL	Honig
2 EL	Balsamico Essig
2 TL	Oliven- oder Macadamiaöl
2 EL	weicher Ziegenkäse

Nährwerte pro Portion

256	Kalorien
22g	Kohlenhydrate
17g	Fette
6g	Proteine

1. Honig, Balsamico Essig und Öl in einer großen Schüssel, auf Wunsch mit ein wenig Wasser, vermengen.
2. Babyspinat in die Schüssel mit dem Dressing geben, beides gut miteinander vermengen und für etwa 10 Minuten ziehen lassen.
3. Anschließend den Spinat einmal gut umrühren und zuletzt die halbierten Erdbeeren, die Pecannüsse und den Ziegenkäse hinzugeben. Genießen.

SCHARFER WASSER-MELONEN SALAT

ZEIT 5 MINUTEN
ERGIBT 2 PORTIONEN

2	Scheiben/Stück Wassermelone
2	kleine rote Chilischote, entkernt und fein geschnitten
2 TL	frisch geschnittener Koriander
2 EL	rote Zwiebel, fein geschnitten
2 TL	Limettensaft

NÄHRWERTE PRO PORTION

98	Kalorien
23g	Kohlenhydrate
2g	Fette
2g	Proteine

Wassermelone würfeln und mit den fein geschnittenen Chilischoten, dem Koriander und dem Limettensaft vermengen. Genießen.

Gefüllte Paprika

Vegetarisch

Zeit 20 Minuten
Ergibt 2 Portionen

60g	Fetakäse
1 TL	getrocknete italienische Kräuter
8	getrocknete Tomaten in Öl eingelegt, geschnitten
2 TL	Olivenöl
300g	Pilze, gewaschen
2	gelbe Paprika
	Salz und Pfeffer
10g	Brotkrumen

Nährwerte pro Portion

420	Kalorien
20g	Kohlenhydrate
30g	Fette
14g	Proteine

1. Ofen auf 220° vorheizen.
2. Die Paprika waschen und in der Länge halbieren. Stiel und Samen entfernen, die Paprikahälften mit der offenen Seite nach unten auf einem Blech platzieren und für etwa 10 Minuten im Ofen backen.
3. Währenddessen die Pilze waschen, Stiele entfernen und alles in feine Stückchen schneiden.
4. Öl in einer Pfanne erhitzen und Pilze für 2-4 Minuten braten, bis sie glänzend und weich sind.
5. Pfanne von der Hitze nehmen, getrocknete Tomaten, Fetakäse, italienische Kräuter, Salz und Pfeffer zu den Pilzen geben und alles gut verrühren.
6. Paprika aus dem Ofen holen, vorsichtig umdrehen und mit der Pilzmixtur füllen. Brotkrumen drüberstreuen und alles für weitere 5 Minuten im Ofen backen.
7. Heiß servieren und genießen.

Vegetarisch

Spaghetti mit Zucchini und Zwiebeln

Zeit 20 Minuten
Ergibt 2 Portionen

1 EL	Olivenöl
1	Zwiebel, grob geschnitten
1	mittelgroße Zucchini, groß geschnitten
1 TL	gemahlener Pfeffer
140g	Spaghetti ungekocht
3 EL	Parmesan
12	Salatblätter

Nährwerte pro Portion

408	Kalorien
61g	Kohlenhydrate
11g	Fette
17g	Proteine

1. Spaghetti nach Packungsvorgabe kochen.
2. Öl in einer Pfanne bei mittlerer Hitze erhitzen. Zwiebeln, Zucchini und Pfeffer für 6-8 Minuten braten, bis sie gar sind.
3. Gemüse vom Herd nehmen, Spaghetti abtropfen lassen und mit dem angebratenen Gemüse gut verrühren.
4. Salatblätter auf einem Teller arrangieren und die Spaghettimixtur auf dem Blätterbett verteilen.
5. Parmesankäse drüberstreuen und genießen.

VEGETARISCH

GEMÜSEGULASCH

ZEIT 30 MINUTEN
ERGIBT 2 PORTIONEN

2 EL	Olivenöl
½	Zwiebel, fein geschnitten
120g	Tofu
2	grüne Paprika, fein geschnitten
1 TL	Paprikapulver
1	Knoblauchzehe, geschält & geschnitten
400g	geschnittene Tomaten aus der Dose
1 TL	getrockneten Oregano
1 TL	Tomatenmark
120ml	Rotwein
	Meersalz und Pfeffer

NÄHRWERTE PRO PORTION

306	Kalorien
20g	Kohlenhydrate
15g	Fette
13g	Proteine

1. Gemüse waschen und schneiden.
2. Olivenöl in einer Pfanne bei mittlerer Hitze erhitzen.
3. Zwiebeln anbraten bis sie durch sind, anschließend Tofu und grüne Paprika hinzugeben und alles für 5 Minuten unter ständigem Rühren kochen lassen, bis die Paprika weich ist.
4. Paprika und Knoblauch hinzugeben.
5. Tomaten hinzugeben und gut umrühren.
6. Anschließend Oregano, Tomatenmark und Rotwein hinzugeben. Alles zum Kochen bringen, Hitze reduzieren, alles abdecken und für weitere 20 Minuten kochen lassen, gelegentlich umrühren.
7. Wenn alles verdickt ist, Salz und Pfeffer je nach Belieben hinzugeben. Wer es scharf mag, kann auch etwas Chili hinzugeben. Genießen.

Vegetarisch

Zeit	15 Minuten
Ergibt	2 Portionen

100g	Penne Nudeln
2 TL	Olivenöl
4	Lauchstangen, getrimmt und in 1 cm dicke Scheiben geschnitten
	Schale von 2 Zitronen, geraspelt
	Saft einer Zitrone
1 TL	extra reines Olivenöl
20g	Parmesan
100g	Babyspinat Blätter
12	schwarze Oliven, entkernt

Nährwerte pro Portion

393	Kalorien
48g	Kohlenhydrate
15g	Fette
17g	Proteine

Lauch und Oliven Pasta

1. Penne nach Packungsanweisung kochen.
2. In einer großen Pfanne mit Deckel das Olivenöl bei mittlerer Hitze erhitzen. Wenn die Pfanne und das Olivenöl heiß sind den Lauch hinzufügen und für 2 Minuten unter ständigem Rühren anbraten.
3. Anschließend die Hitze reduzieren und ungefähr 2 Esslöffel Wasser hinzugeben, mit einem Deckel abdecken und für etwa 10 Minuten garen lassen, bis der Lauch weich ist.
4. Zitronenschale und -saft mit Olivenöl, Salz und Pfeffer und der Hälfte des Parmesans in einer kleinen Schüssel vermischen.
5. Den Babyspinat, die Oliven, das Zitronendressing und die Nudeln zu dem gekochten Lauch in die Pfanne geben und gut verrühren.
6. Zuletzt alles in eine Servierschüssel geben und den restlichen Parmesan darüber streuen.
7. Bei Bedarf mit Salz und Pfeffer nachwürzen. Genießen.

Gebackene Pilze und Blauschimmel-käse Risotto

Vegetarisch

Zeit	60 Minuten
Ergibt	2 Portionen

1 TL	Olivenöl
1	rote Zwiebel, geschält und geschnitten
200g	Pilze, geschnitten
100g	brauner Reis
300ml	Gemüsebrühe
	Saft ½ Zitrone
30g	Blauschimmelkäse, zerkrümelt
	Salz und frisch gemahlener schwarzer Pfeffer

Nährwerte pro Portion

294	Kalorien
41g	Kohlenhydrate
10g	Fette
9g	Proteine

1. Ofen auf 200°C vorheizen.
2. Gemüse waschen und schneiden.
3. Öl in einem ofenfesten Bräter erhitzen, Zwiebeln hinzufügen und für 3 Minuten leicht anbraten. Anschließend die Pilze hinzugeben und für weitere 2 Minuten alles braten.
4. Reis hinzugeben und gut umrühren. Gemüsebrühe hinzugeben und leicht zum Köcheln bringen.
5. Den Deckel schließen, Bräter in den Ofen schieben und für 45-55 Minuten im Ofen garen lassen (wenn sie weißen Reis verwenden, nur für etwa 20 Minuten). Nach der Hälfte der Zeit überprüfen, ob etwas mehr Wasser hinzugegeben werden muss, damit der Reis auch gar wird.
6. Aus dem Ofen holen, Zitronensaft und Blauschimmelkäse unterrühren.
7. Nach Belieben würzen und genießen.

Ratatouille

Vegetarisch

Zeit 35 Minuten
Ergibt 3 Portionen

1	geschnittene Zwiebel
1	kleine geschnittene Aubergine
2	Knoblauchzehen
1	Zucchini, geschnitten
1	Paprika
400g	geschnittene Tomaten
1 EL	Olivenöl
	Thymian

Nährwerte pro Portion

105	Kalorien
15g	Kohlenhydrate
4g	Fette
4g	Proteine

1. Gemüse waschen und schneiden.
2. Öl in einer Pfanne erhitzen und Zwiebeln und Auberginen anbraten. Wenn es so aussieht als würde das Ganze austrocknen, etwas Wasser hinzugeben.
3. Knoblauch, Zucchini und Pfeffer hinzugeben und bei reduzierter Hitze für 10-15 Minuten kochen lassen.
4. Zuletzt Tomaten und Thymian hinzugeben und bei sanfter Hitze für 10 Minuten garen lassen.
5. Warm oder kalt servieren.

Vegetarisch

Zeit 30 Minuten
Ergibt 2 Portionen

1	Knoblauchzehe, geschnitten
1	rote Chilischote, fein geschnitten
½ EL	Olivenöl
1 TL	gemahlener Kümmel
125g	Pilze (geviertelt)
200g	geschnittene Dosentomaten
200g	Kidneybohnen
75g	grüne Bohnen, in mittel große Stücke geschnitten
	Saure Sahne, Créme Fraîche oder Joghurt zum servieren
75g	brauner Reis

Nährwerte pro Portion

385	Kalorien
52g	Kohlenhydrate
12g	Fette
15g	Proteine

Vegetarisches Chili

1. Reis nach Packungsanweisung kochen, abtropfen lassen und warmhalten.
2. Geschälten und geschnittenen Knoblauch, geschnittene Chilischote und Olivenöl in einer Pfanne für 2 Minuten anbraten. Kümmel und Pilze hinzufügen und unter ständigem Rühren für 3 Minuten kochen.
3. Tomaten, Kidneybohnen und ein wenig Wasser hinzugeben und unter gelegentlichem Umrühren für weitere 10 Minuten köcheln lassen.
4. Grüne Bohnen hinzufügen und für 5 Minuten, bzw. bis das Ganze beginnt anzudicken kochen lassen. Wenn es zu dick ist ein wenig mehr Wasser hinzufügen.
5. Chili mit Reis und nach Belieben mit einem Esslöffel saurer Sahne/Joghurt/ Creme Fraîche servieren und genießen.

Vegetarisch

Zeit 20 Minuten
Ergibt 24 Rollen

4	Zucchini, längs in 24 lange Scheiben geschnitten zum umwickeln (für sehr dünne Streifen benutzen sie einen Schäler)
250g	Ricotta Käse
1	Handvoll Basilikum
50g	Pinienkerne
	Balsamicoessig
	Saft einer Zitrone
	Olivenöl
	Salz und Pfeffer

Nährwerte pro Portion

42	Kalorien
2g	Kohlenhydrate
3g	Fette
1g	Proteine

Gefüllte Zucchinirollen

1. Zucchini waschen und mit einem Schäler in dünne Streifen schneiden.
2. Ein wenig Olivenöl auf zwei Teller tropfen und die Zucchinistreifen darauf verteilen, ohne dass sie einander berühren oder überlappen und mit ein bisschen Olivenöl und Balsamico Essig beträufeln. Den Teller mit den Zucchini abdecken und für 15 Minuten in den Kühlschrank stellen.
3. Den Ricotta Käse mit dem Zitronensaft, dem Basilikum, den Pinienkernen, Salz und Pfeffer vermengen.
4. Marinierte Zucchinistreifen aus dem Kühlschrank nehmen und mit der Ricotta-Mixtur füllen. Dazu an einem Ende des Zucchinistreifens die Ricottafüllung platzieren und vorsichtig einrollen. Bei den restlichen 23 Zucchinistreifen wiederholen.
5. Zucchinirollen auf einem Teller arrangieren und mit Salz und Pfeffer nach Belieben würzen. Eventuell erneut mit ein wenig Olivenöl und Balsamico Essig beträufeln.

Vegetarisches Kichererbsen-Kürbis-Curry

Vegetarisch

Zeit 20 Minuten
Ergibt 2 Portionen

4 TL	gelbe Currypaste
500g	Speisekürbis nach Wahl, gewürfelt
240ml	Gemüsebrühe
240ml	fettarme Kokosmilch
150g	Kichererbsen aus der Dose
1	Zwiebel, geschnitten
2	Zweige Zitronengras
2 TL	Senfkörner
2 EL	Zitronensaft
2 EL	frisch geschnittener Koriander
	Salz und Pfeffer
	Etwas Öl

Nährwerte pro Portion

395	Kalorien
36g	Kohlenhydrate
22g	Fette
10g	Proteine

1. Ein wenig Öl in eine Bratpfanne geben und die Zwiebeln und die Senfkörner leicht anbraten.
2. Die Spitze von dem Zitronengrassstängel abnehmen und den Stiel mit einem Nudelholz ausrollen, um den Geschmack und das Aroma freizusetzen.
3. Currypaste und Zitronengras zu der Zwiebel und den Senfkörnern in die Pfanne geben und alles für ein paar Minuten gemeinsam kochen.
4. Kürbis, Kichererbsen und Gemüsebrühe hinzufügen, abdecken und für 8-10 Minuten köcheln lassen, bis der Kürbis weich ist.
5. Kokosmilch hinzufügen und sanft aufwärmen lassen.
6. Frisch geschnittenen Koriander darüber streuen und servieren.

Würzige Kartoffeln in Kokossoße

Vegetarisch

Zeit	25-30 Minuten
Ergibt	2 Portionen

1	Zwiebel, geschnitten
150g	Kartoffeln, geschält und gewürfelt
1	Aubergine, gewürfelt
240g	Pilze, geschnitten
4 TL	Currypulver
1 TL	Paprikapulver
120ml	Gemüsebrühe
240ml	Kokosmilch
2 EL	frisch geschnittener Koriander
	Etwas Öl

Nährwerte pro Portion

439	Kalorien
37g	Kohlenhydrate
30g	Fette
12g	Proteine

1. Gemüse waschen und schneiden.
2. Zwiebeln in etwas Öl für ein paar Minuten sanft anbraten.
3. Currypulver, Paprikapulver und etwas Wasser vermischen, um eine Paste zu mischen und diese zu den Zwiebeln geben.
4. Kartoffeln und Gemüsebrühe hinzufügen, alles abdecken und für ein paar Minuten köcheln lassen.
5. Anschließend Pilze und Aubergine hinzufügen und alles erneut für ein paar Minuten köcheln lassen, bis alles durch ist.
6. Zuletzt die Kokosmilch hinzufügen und das Ganze durchwärmen lassen, eventuell mit etwas Salz und Pfeffer nachwürzen.
7. Mit geschnittenem Koriander obendrauf servieren.

Smoothies/
Infused Water

Gurke, Minze, Limetten Wasser

Zeit 60 Minuten
Ergibt 2 Portionen

½	Gurke
5-6	Minzzweige
4	Limettenscheiben
1l	Wasser

Nährwerte pro Portion

35	Kalorien
3g	Kohlenhydrate
0g	Fette
1g	Proteine

1. Zutaten waschen, Gurken und Limetten in Scheiben schneiden.
2. Gurkenscheiben, Limettenscheiben und Minze in eine 1 Liter Flasche oder ein Gefäß geben.
3. Mit 1 Liter Wasser auffüllen, abdecken und für etwa eine Stunde im Kühlschrank stehen lassen. Genießen.

Erdbeere, Zitrone, Ingwer Wasser

Zeit 60 Minuten
Ergibt 2 Portionen

80g	frische Erdbeeren
4	Zitronenscheiben
5-6cm	Ingwer, geschält und in dünne Scheiben geschnitten
1l	Wasser

Nährwerte pro Portion

131	Kalorien
27g	Kohlenhydrate
1g	Fette
4g	Proteine

1. Zutaten waschen und in Scheiben schneiden.
2. Erdbeeren, Zitronen und Ingwer in eine 1 Liter Flasche oder ein Gefäß geben.
3. Mit den Zutaten gefülltes Gefäß mit 1 Liter Wasser auffüllen und für etwa eine Stunde in den Kühlschrank stellen.
4. Kühl genießen.

Smoothies/ Infused Water

Orange und Ananas Wasser

Zeit 60 Minuten
Ergibt 2 Portionen

300g	Ananas, geschnitten
2	Orangen
1l	Wasser

Nährwerte pro Portion

220	Kalorien
54g	Kohlenhydrate
0g	Fette
4g	Proteine

1. Ananas schneiden und den Saft aus der Orange drücken.
2. Ananas und gepressten Orangensaft in eine Flasche oder ein anderes Gefäß geben.
3. Die Ananas vorsichtig zerdrückten.
4. Mit 1 Liter Wasser auffüllen.
5. Für eine Stunde oder mehr im Kühlschrank stehen lassen.
6. Kühl servieren.

Smoothies/ Infused Water

Mango und Basilikum Wasser

Zeit 60 Minuten
Ergibt 2 Portionen

1	große reife Mango, entkernt und in große Stücke geschnitten
1	Handvoll Basilikum (etwa 8 große Blätter)
	Wasser

Nährwerte pro Portion

206	Kalorien
51g	Kohlenhydrate
1g	Fette
3g	Proteine

1. Basilikum in der Hälfte zerreißen.
2. Basilikum und Mango in das Glas geben.
3. Mit Eis bedecken und Wasser hinzufügen.
4. Für mindestens eine Stunde im Kühlschrank ziehen lassen.

SMOOTHIES/
INFUSED WATER

BEERIGES WASSER

ZEIT 60 MINUTEN

ERGIBT 2 PORTIONEN

20g	frische Blaubeeren
2	Scheiben Zitrone
2	Minzzweige
5	Erdbeeren
2	Basilikumzweige
2	Scheiben Gurken
	Wasser

NÄHRWERTE PRO PORTION

75	Kalorien
14g	Kohlenhydrate
0g	Fette
2g	Proteine

1. Zutaten in einer Flasche oder ein anderes Gefäß geben
2. Vorsichtig die Zutaten zerdrücken.
3. Mit Wasser und Eis auffüllen.
4. Für ein paar Stunden in den Kühlschrank stellen und genießen.

Wasser kann je nach gewünschter Intensität des Geschmacks aufgefüllt werden. Viel Wasser, weniger intensiver Geschmack der Zutaten, weniger Wasser intensiverer Geschmack der Zutaten.

Smoothies/ Infused Water

Grapefruit und Rosmarin Wasser

Zeit 120 Minuten
Ergibt 2 Portionen

1	Grapefruit
1	Rosmarinzweig
1l	Wasser

1. Schale von der Grapefruit entfernen und das Fruchtfleisch in Scheiben schneiden.
2. Wasser in ein Gefäß geben.
3. Grapefruit und den Rosmarin in das Wasser lassen.
4. Vor dem Servieren für 2 Stunden in den Kühlschrank stellen.

Nährwerte pro Portion

51	Kalorien
11g	Kohlenhydrate
0g	Fette
1g	Proteine

Smoothies/
Infused Water

Zeit 1 Minute
Ergibt 2 Portionen

450g	Spinat
1	Avocado
160g	frische Blaubeeren
480ml	Mandelmilch ungesüßt

Nährwerte pro Portion

321	Kalorien
34g	Kohlenhydrate
18g	Fette
10g	Proteine

Grüner Power Smoothie

Alle Zutaten in einen Mixer geben und alles mixen, bis keine Stückchen mehr sind.

Smoothies/ Infused Water

Beerensmoothie

Zeit 1 Minute
Ergibt 2 Portionen

160g Blaubeeren
160g Himbeeren
10 Erdbeeren
45g Haferflocken
Saft eines Granatapfels

Nährwerte pro Portion

508 Kalorien
92g Kohlenhydrate
5g Fette
12g Proteine

Alle Zutaten in einen Mixer geben und alles mixen, bis keine Stückchen mehr sind.

Nussiger Smoothie

Zeit 1 Minute

Ergibt 2 Portionen

2	Bananen
100g	Rosinen
240ml	Mandelmilch, ungesüßt
150g	Cashewkerne
2 TL	Honig

Nährwerte pro Portion

711	Kalorien
92g	Kohlenhydrate
35g	Fette
16g	Proteine

1. Cashewkerne für 1-3 Stunden oder über Nacht in Wasser oder 240ml Naturjoghurt einweichen.
2. Alle Zutaten in den Mixer geben und gut mixen.
3. Gekühlt servieren.

Smoothies/ Infused Water

Green Star

Zeit 1 Minute
Ergibt 2 Portionen

	Brokkoli
1	Gurke
3	Äpfel, geschält und entkernt
1	Avocado, geschält und entkernt
150g	Nüsse ihrer Wahl (vorzugsweise Mandeln oder Cashews)
1	Limette, geschält

Nährwerte pro Portion

752	Kalorien
61g	Kohlenhydrate
52g	Fette
21g	Proteine

1. Alles in einen Mixer geben und gut mixen.
2. Kühl servieren.

Smoothies/ Infused Water

Sonniger Regenbogen

Zeit 1 Minute

Ergibt 2 Portionen

1	Grapefruit
½	Ananas, geschält und geschnitten
1	Banane
3	gelbe Feigen
120g	Chiamehl

Nährwerte pro Portion

399	Kalorien
53g	Kohlenhydrate
6g	Fette
22g	Proteine

Alles in einen Mixer geben und gut vermixen.

Smoothies/
Infused Water

Abendrot

Zeit 1 Minute
Ergibt 2 Portionen

160g Himbeeren
10 Erdbeeren
170g Kirschen getrocknet
Saft eines Granatapfels
120g Chiamehl

Nährwerte pro Portion

598 Kalorien
92g Kohlenhydrate
7g Fette
20g Proteine

Alles in einen Mixer geben und gut mixen.

Erfrischend fruchtiger Nachtisch

Zeit 5 Minuten
Ergibt 2 Portionen

100g	Äpfel, geschält und gewürfelt
80g	Weintrauben
60g	Vanillejoghurt, Fettarm und Zuckerfrei

Nährwerte pro Portion

241	Kalorien
55g	Kohlenhydrate
2g	Fette
2g	Proteine

1. Obst waschen und die Äpfel würfeln.
2. In einer großen Schüssel Weintrauben und Äpfel gut vermischen.
3. Den Joghurt unterrühren und die Schüssel mit dem fruchtigen Dessert für 20 Minuten in den Kühlschrank stellen. Genießen.

Desserts

Erdbeer Smoothie

Zeit	5 Minuten
Ergibt	2 Portionen

10	Erdbeeren
1	Banane
1 EL	fettarmer griechischer Joghurt
200ml	entrahmte Milch

Nährwerte pro Portion

245	Kalorien
51g	Kohlenhydrate
3g	Fette
10g	Proteine

1. Ein ganz einfaches und schnelles aber dennoch sehr gutes erfrischendes Dessert.
2. Alle Zutaten in einen Mixer geben und gut mixen, bis eine cremige Substanz ohne Stückchen entsteht.
3. In ein Glas gießen und genießen.

Desserts

Blaubeerkompott mit Joghurt

Zeit 1 Minute

Ergibt 2 Portionen

100g Blaubeeren
6 EL fettarmer Joghurt
2 TL Leinsamen

Nährwerte pro Portion

61 Kalorien
5g Kohlenhydrate
3g Fette
3g Proteine

1. Die Blaubeeren in eine Schale geben und für 45 Sekunden in der Mikrowelle erhitzen, bis sie anfangen zu platzen.
2. Blaubeeren aus der Mikrowelle holen und für ein paar Minuten abkühlen lassen.
3. Joghurt und die Leinsamen auf die Blaubeeren geben und servieren. Genießen.

Karibischer Milchshake

Desserts

Zeit 5 Minuteb
Ergibt 2 Portionen

2	Papayas, geschält und geschnitten
2	Mangos, geschält und geschnitten
360ml	entrahmte Milch
120g	crushed Eis
2 EL	Kokosnuss

Nährwerte pro Portion

374	Kalorien
77g	Kohlenhydrate
6g	Fette
11g	Proteine

1. Alle Zutaten in einen Mixer geben und für 30 Sekunden gut durch mixen.
2. Sichergehen, dass nichts auf dem Boden feststeckt und erneut für etwa 45 Sekunden mixen.
3. Es können ruhig ein paar kleine Stücke bleiben. Genießen.

Grapefruit, Pistazien Salat

Desserts

Zeit 5 Minuteb
Ergibt 2 Portionen

1	pinke Grapefruit
1	weiße Grapefruit
1 TL	Pistazien, ohne Schale
1 TL	Agavennektar (oder -sirup)

Nährwerte pro Portion

69	Kalorien
12g	Kohlenhydrate
2g	Fette
1g	Proteine

1. Grapefruits segmentieren und gleichmäßig auf 2 Schüsseln verteilen.
2. Zuletzt die Pistazien und den Agavennektar über die Grapefruit geben und servieren. Genießen.

HAFTUNGSAUSSCHLUSS

Dieses Buch enthält Meinungen und Ideen des Autors und hat die Absicht, Menschen hilfreiches und informatives Wissen zu vermitteln. Die enthaltenen Strategien passen möglicherweise nicht zu jedem Leser, und es gibt keine Garantie dafür, dass sie auch wirklich bei jedem funktionieren. Die Benutzung dieses Buchs und die Umsetzung der darin enthaltenden Informationen erfolgt ausdrücklich auf eigenes Risiko. Haftungsansprüche gegen den Autor für Schäden materieller oder ideeller Art, die durch die Nutzung oder Nichtnutzung der Informationen bzw. durch die Nutzung fehlerhafter und/oder unvollständiger Informationen verursacht wurden, sind ausdrücklich ausgeschlossen. Das Werk, inklusive aller Inhalte, gewährt keine Garantie oder Gewähr für Aktualität, Korrektheit, Vollständigkeit und Qualität der bereitgestellten Informationen. Druckfehler und Fehlinformationen können nicht vollständig ausgeschlossen werden.

Medizinischer Haftungsausschluss

Die hier dargestellten Inhalte dienen ausschließlich der neutralen Information, Weiterbildung und Unterhaltung. Sie stellen keine Empfehlung oder Bewerbung der beschriebenen oder erwähnten diagnostischen Methoden oder Behandlungen dar. Der Text ersetzt keinesfalls eine medizinische Beratung durch einen Arzt oder Apotheker und er darf nicht als Basis zur eigenständigen Diagnose und Beginn, Änderung oder Beendigung einer Behandlung von Krankheiten verwendet werden. Bei gesundheitlichen Fragen, Beschwerden oder Problemen konsultieren Sie immer Ihren Arzt! Der Autor kann für etwaige Schäden jeder Art aus keinem Rechtsgrund eine Haftung übernehmen.

Impressum

Simone Reuter wird vertreten durch:

Martin Wagner
Nobistor 30
22767 Hamburg

Covergestaltung und -konzept: lauria | fiverr.com
Coverbilder: anna.pustynnikova, rafalstachura, Variant | depositphotos.com

Jahr der Veröffentlichung: 2017

Verantwortlich für den Druck: Amazon Distribution GmbH, Leipzig

23062940R00058

Printed in Poland
by Amazon Fulfillment
Poland Sp. z o.o., Wrocław